現代活学講話選集4

人生の五計

困難な時代を生き抜く「しるべ」

安岡正篤

PHP文庫

○本表紙図柄＝ロゼッタ・ストーン（大英博物館蔵）
○本表紙デザイン＋紋章＝上田晃郷

文庫版のまえがき

父は戦前、家庭団欒《だんらん》の夕餉《ゆうげ》の折など、「私はあまり長生きはできないだろう。よくてまあ五十歳ぐらいまでかな」と語っていた。

終戦前後を含め社会的昏迷、精神的頽廃を極める時代をとおして、八十有余歳の長寿を全うし得たのは、生涯にわたって中国古典を活学として現代に甦らせることに情熱を傾け、同時に身体と生活、精神と生活に緊張感をもって常に自分自身を厳しく律し、本書の教訓である「人生の五計」などの身心摂養法を実践していたからであろう。

『人生の五計』は、宋の大儒朱子とほぼ同時代に生きた見識のある官吏でもあり、篤学《とくがく》の人でもあった朱新仲の教訓である。また彼は、時の悪宰相秦檜《しんかい》によって無実の罪を問われ獄死した名将岳飛《がくひ》と同じように、やはり秦檜から憎まれ流謫《るたく》の憂目《うきめ》にあったが、いささかも慟《どう》ずることもなく悠々恬淡《てんたん》として自然に親しみ、その辺地の人々にも慕われたと伝えられている。

本書の内容を要約すると、

一、生計――いかに生くべきか。人間の本質的な生き方。

二、身計――いかに社会に対処していくべきか。社会生活における価値観。

三、家計――いかに家庭を営んでいくべきか。一家の維持。

四、老計――いかに年をとるべきか。老ゆる計りごと。

五、死計――いかに死すべきか。死生一如の死生観。

この〝五計〟である。

父は本書でこの五つの教訓について、先哲の言葉を引用しながら本来人間の幸福を進めるはずの文明が、むしろ生活の不調和、心身の不健康を招き、人間を死滅させるという危険が迫ってきていると訴えている。そしてそれは結局、人間性というものの根本である人間の「生の理法」に背いたからであると指摘している。

父の別著『百朝集』、これは和・漢・洋の警句を集め短評略註を附した小品であるが、その中に中国古典から引用した「五醫《ごい》」がある。

費《はぶ》を省いて貧を醫《いや》す。

静坐して躁《そう》を醫す。

縁に随《したが》って愁《しゅう》を醫す。
茶を煎じて倦《けん》を醫す。
書を読みて俗《ぞく》を醫す。

現代の病的生活を救う好醫療であると解説しているが、人間は往々にして、つまらぬことに心配して病にとらわれやすい。日頃から卑近《ひきん》な生活の中で、「人生の五計」やこの「五醫」を心掛けておれば救われるのではないだろうか。
最後に、父はつぎのようにまとめをしている。

人生に対する「五計」も曖昧《あいまい》なまま、哲学も芸術性もなければ、せっかく築き上げてきた文明社会も、通則にしたがって没落します。繁栄の中に没落する。それは相対性道理によっても明らかなように、いつの日か没落していくのでありま す。ともかく、「急がば回れ」でありまして、みなさんは人間の性命の根本はこの「人生の五計」であることを肝に銘じて生きていってほしいと念じないではいられません。

本書の読み方は、第一章の「生計」から第五章の「死計」まで順次頁を開いてもよく、自分自身の心の欲するところにしたがって読みたい章からでもよい。しかし「五計」の間には一つの道脈があることは言うまでもない。

現代の病的生活を救う日常の指針として文庫版の特徴をいかし、常に懐中に収めて思い立った時に頁を開いていただければと願っている。

平成十七年三月

（財）郷学研修所・安岡正篤記念館

理事長　安　岡　正　泰

人生の五計

目次

文庫版のまえがき

第一章

「生計」

第二章 「身計」

第三章 「家計」

第四章 「老計」

第五章 「死計」

第一章

「生計」

◆情理・真理・道理

南宋《なんそう》の有名な哲学者・朱子《しゅし》とほぼ同じ時代に生きた、見識ある官吏に朱新仲《しんちゅう》(名は翌)という人がおりました。時の宰相・秦檜《しんかい》は大変な秀才でしたが、国政を誤り、名将・岳飛《がくひ》を死に至らしめ、遂《つい》には国をほろぼすに至った。朱新仲もまた秦檜に憎まれ、辺地に流されたが、悠々と自然を愛し、その地の人々に深く慕われたのでありあます。その彼が説いたものの一つに「人生の五計」という教訓があります。

すなわち、

一 「生計」……われ、いかに生きるべきか。人々は一般に生計と言うと生活、暮らしの意味にとっておるようだが、彼はもっと大きな、いわば「天地の大徳」を受けて生きる人間の本質的な生き方に迫っているわけであります。

二 「身計」……いかにわが身を人間として社会に対処させていくか、何をもって世に立つか、いかなる職業、価値観をもって生きていくかということ。

三 「家計」……これも、単に経済的な意味ばかりでなく、家庭というものをいかに営んでいくか、夫婦関係、親子関係はどうあるべきか、一家をどう維持していくかということであります。

四「老計」……いかに年をとるか、人間は誰も生きているからには老いる。ことに日本は今や世界一の高齢化社会になり、老いることの難しさをひしひしと感じる昨今である。老後の生活とか健康ぐらいしか考えないが、「老」たるものの価値を生かしていかなければ、ただ寂しく年をとるというに過ぎないのであります。

五「死計」……われ、いかに死すべきや。これについて思案の最も発達しているのは、言うまでもなく仏教ですが、儒教においても興味ある思案と実践がある。

朱新仲はこの五つを指摘して、考えておるが、私はここで古今東西の識者の言葉を引用しながら、現代の、いわゆる世紀末的世相や広く叫ばれている文明の危機において、私なりの「人生の五計」、根本的な「生」の実践哲学がいかに大切であるかを説いていこうと思う。

人間にとって一番大事なものは「生」というものであります。この生とは何かということについては、古今東西あらゆる探究が行われておる。文明とは本来この生を進めるものでなければなりません。ところが、この尊い人間の生というものを、あらゆる意味において、進めるはずの文明・学問が……これはまた生の神秘な法則、あるいは理法によるのであるが……誤って生を害するようになりだして、その結果、むしろ人間の死滅を招くという危険が、今やはなはだ重大な局面にまで到達しておる。それは結局、人間の「生の理法」が、人間性というものの根源、あるいは本体である自然、つまり「天の理法」に合わぬからである。背いたからでありますす。

人間の思索というものは、抽象的な理論に偏ると、大変にいかにも高尚にみえるが、しかし、これは非常に危険であるのみならず、実はきわめて空虚、浅薄、空理になる傾向がある。したがって生についての思考はなるべく生命・造化《ぞうか》という自然の理《ことわり》に則した考え方が大事なんであります。

近代の思想・学問の一つの弊害は、この具体的、実際的、創造的、あるいは実践的と言ってもいいでしょう、そういう哲理から離れて、概念的、抽象的、論理的思惟というものに傾き過ぎているということである。その弊害も、これはやはり文明病の一つでありましょう。私は機会あるごとによく指摘してきたが、ことに現代の知識人にその弊害が多い。文明人が概念的、抽象的、理論的思惟をやるようになってから、非常にもっともらしい、いかにも思想とか理論らしいが、その実、きわめて馬鹿《ばか》げた議論が多い。ナンセンスな議論が多いのであります。そしてその大きな原因は論理学の初歩にちゃんと出ておるけれども、一つには、いわゆる三段論法という考え方にあると思う。

三段論法の原型は、A＝C、B＝C、ゆえにA＝B、という論理の進め方である。抽象的、符号的である場合はこれでいいかもしれないが、かかるが故に、これを直ちに実際に応用したら、これは大変なことになる。最も簡単な例を言えば、「人は動物である。犬は動物である。故に人は犬である」と、こうもっていったら、とんでもないことになるんであります。

ところが恐ろしいことに、現代の知識人といわれる人たちは、思想とか学問とかいう名目において、あるいは理論的思惟だとか思索だとか言って、よくこれをやる。ことに大正時代以来、あるいは第一次大戦後の日本に、西洋の新しい思想・学問、なかでも社会思想とか批判的な理論が勢いよく入ってくるようになってから、日本人の頭をこうした考え方が急に支配するようになった。

そのいい例が森戸辰男さん（一八八八～一九八四）です。昭和時代の有名な経済学者で、敗戦後は社会党に入り、いわゆる右派の理論的中心となり、片山・芦田両内閣の文部大臣を務めた人であります。一九六六年には文化功労者ともなっております。その森戸さんが東京帝国大学（現在の東大）の経済学部助教授をしていた頃、彼は有名な無政府主義者・クロポトキンの論文を翻訳して、それに関する論文を経済学部の機関誌に発表して、大問題になってしまった。確かそれが危険思想とみなされ休職されたと記憶しておる。クロポトキン（一八四二～一九二一）はこれまた誰でも知っているようにロシアの革命家、むしろ無政府主義者として有名であります。初めは地理学者、あるいは探検家として優れた研究を発表していたのですが、その後、ロシアの激烈なる革命家・バクーニンの影響を受けて、遂にはヨーロッパのアナーキズムの指導的理論家として知られるようになったのであります。

そもそもの問題の根源は、国家とは何ぞやというところにあった。

クロポトキン論文の言いだしはなかなか強烈なものでありました。

「コロンブスが新大陸を発見して以来の大発見がある。それは従来、人間が国家というもの以外を知らなかったところが、学者が国家の他に社会というものがあることを発見した」

といった具合に論陣を張っていった。

従来は国家しか知らなかったのが、新たに社会というものを発見したんだ。国家には三要素がある。国家学の書物を開くと、必ず巻頭の第一ページに出てくる定義なのであるが、それは領土と人民と、それから主権者である。当時のことであるから、主権者の代表は君主、この三要素から成り立っておると言うわけであります。ところが、最近になって学者が、すなわちクロポトキンがその他にもう一つ「社会」というものを発見した。つまり、土地と人民との結合体である社会。ここには権力服従関係より成り立つところの主権者・君主というものはいない。強いて言えば、人民主権、人民がみんな主権者なんだという論法を展開して、森戸さんが紹介したというわけであります。

いったい、国家というものと社会というものとはどう違うのか。クロポトキンによれば、領土と人民まではどちらも一緒の要素である、違うところは権力服従関係、つまり特定の主権者というもののあるなしであって、主権者と人民との間に、権力服従関係のあるものが国家で、ないもの、すなわち都市と人民との自由なる結合でできあがっているのが社会である。言い換えれば、国家というものは人民の自由を束縛するところの手枷足枷《てかせあしかせ》のようなもの、桎梏《しっこく》である。したがってわれわれは、この手枷足枷というものを打破しなければならない、そこから人民を解放しなければ真の自由を獲得できない、という議論を展開したのであります。確かに緻密《ちみつ》に論理をもって運んでいくと、いかにももっともらしく聞こえる。しかし、これを要約すれば、結局は先の三段論法になる。どこか間違っておる。どこが間違っておるかと言うと、現実の歴史的・具体的な存在と、概念と論理の抽象的な組み立て、結論とを混同しておることである。

まず、歴史上、したがって現実に土地と人民と権力服従関係から成り立っておるという、そんな簡単な国家が、いったい存在するであろうか。国家というものは、悠久な昔から、それこそ自然の起源によって発生し、人間同士の自ずからなる集まり、いわゆる共同生活関係という統一から成り立ったものであろう。そこでは共にいろいろな生活の辛苦艱難《かんなん》があり、共通の感情とか思想とかが錯綜《さくそう》し、さらに産物が現れて、次第次第に文化を形成し発達してきた。それは非常に複雑な、非常に豊富な内容のあるものであり、クロポトキンらが決めつけるような、そんな簡単な論理的、概念的存在とは全然違うのであります。

私たちは何によらず分かりたい。分かろうとする。分からせようとする。これは宇宙本然の姿であり、『列子《れっし》』的に言うと、機やむを許さぬ自然の流行であります。しかし、分かり過ぎるとまた分からなくなる。分かれ分かれて末梢《まっしょう》化し尖端《せんたん》化すればもはや分かれることができなくなる。生命が希薄になるからであります。大通りから横丁へ横丁へと入っていけば、最後は袋小路に突き当たらなければなりません。あまり四の五の理屈を言っておると、何が何だか分からなくなる。

この辺りをよく解明するために面白い話がある。私は戦前に暇をみては人に勧められるままに『漢詩読本』という一冊を著しました。その最初の方にこんな逸話を紹介しております。

「昔アメリカの新聞に載っていた話がある。ペンシルヴェニア州のある町で、一人のインテリ紳士が自殺した。検死の役人が遺書を開いてみると、その紳士は一人の娘を連れ子している後妻を娶《めと》ったことから、ここに至った次第がこと細かに記してあった。彼にはやもめ暮らしの父があるので、初めは後妻母子と父との間がうまくゆくかどうかと心配したが、幸いにそれは大変好く納まって、それどころか、果てはその連れ子の娘を父が後妻に引き直した。さあ、そこで、今度はわからなくなった。彼にとって、わが娘はわが父の妻なるがゆえにわが母であり、父はわが娘の夫なるをもってわが子である。わが妻はわが娘の母の母であるからわが祖母であり、我はわが父なる子の子であってみればわが孫である。わが娘はわが母にして、わが父はわが子なり。わが妻はわが祖母にして、我はわが孫なりとなっては、全くもってどうにもならぬことになったのである」

かくしてそのインテリ紳士はノイローゼになってとうとう自殺してしまった。これは何も根も葉もない話ではない。しかも近代の精神科学だの哲学だのの理論には、事実こんなのが少なくない。これはつまり三段論法の典型であり、概念と形式理論との危険はここにある。クロポトキンの論法もまたこれに似たものであります。

思想家とか理論家というのは、よく自分が言おうと思うことに都合のいいように概念を作って、その概念を論理にかけて結論を出していく。だから理屈というものはどうでもつく。あれも一理、これも一理と、どうにでもつくものなのである。だから、理論闘争なんてものは解決するわけがない。

「胸にある一物《いちもつ》を何とかしなければならぬ」

と学生は学生で勝手な理屈を言うとる。教授は教授でそれに対してまた何か理屈を言う。問題は胸の一物が違うんだから、いくら相互に理屈を交わしたって、これは平行線をたどるだけで、どうにもならん。一方は「ナンセンス！」と怒鳴り、一方は「仕様のない奴《やつ》らだ」と、ナンセンスと没法子《メイファーツ》では解決のつきようがないのであります。

やはり、人間は真実に帰らなければならん。真実に帰るというのは、「天人合一《てんじんごういつ》」のことであります。私たちのあらゆる環境、あらゆる経済的、外面的なものは一切天に内在する。そこからみな流れ出ている。つまり人間というものは天に帰して天から人間を導き出すのであります。これを「天人相関《てんじんそうかん》」とか「天人合一」と言うのであります。天と人とを相対的に考えるのではない。これを一体として考えるのであります。そして天が一つの形を取って自己を生んだもの、あるいは形成したものが人間である。一切は天然である。人間が考えておるような理論や理屈によって存在しているものではなくて、自ずからきたるものであります。言い換えれば、自然と人間とを一貫した創造の理法、すなわち真理に帰らんとどうにもならないのであります。論理では駄目なんであります。

理にもいろいろあります。

論理というのは、実は最も抽象的、概念的であるから、これは当てにならん。思索になれない人は言い負かされて、心の中では「そうじゃない」と合点できなくても、黙してしまうことが多い。頭ではやむを得ないけれど、心の中では感情的にそもそも合わない。いわんや良心的には納得できない。これが抽象的・概念的な理論の落とし穴なのである。そうではなく、人間には精神的・感情的にも納得できる理論、すなわち「情理」というものがあり、それこそが最も大事なことであります。情理こそがグッと深く人天を通ずる。人と自然とを通ずる創造の理に徹する、合致してくるにおよんで、初めて「真理」となり、あるいは実践性をもつに至り「道理」となる。情理、真理、道理が必要なんであって、論理的知識ぐらい実は頼りないものはない。文明がいかにこの情理、真理、道理に合わないものであるかということは、先覚者の書物をみてもしみじみ考え合わせられる。こうした理論的知識はしばしば戯学《けがく》、戯論《けろん》というものになっているのであります。「生」というものは、厳粛な深遠な事実であります。戯学とか戯論を最も忌み嫌うものであります。私たちはここを肝によく納めて、知っておかなければなりません。その意味から言って、今、一般大衆が錯覚している、あるいは幻覚しておる文明というものが、いかに道理、真理、つまり実理、情理に合わないものかということを覚知しなければなりません。

◆汚れきった空気と水

私たちは空気を吸わなければ生きておれない。すぐ死んでしまう。その大切な空気がだんだん文明の発達、近代都市化することによって非常に悪化している。いわゆるメガロ化現象によって大衆が過密化し、機械化してくる都市ほど、今や清浄な空気などというものはほとんど得られない。少し離れた田舎から東京に帰ってきますと、ある地点まで来ると、急に空が暗くなって、空気が臭くなってくることがすぐ分かる。もっと切実深刻に考えるのは、飛行機で飛んで帰ってきますと、東京や大阪に近づくにつれ、上空の青空から見る下の空気というものは文字通り暗澹《あんたん》たるものである。あの中に私たちは住んでいるのかと考えると、本当にゾッとする。実に空気にあらずして、これは毒気と言ってもおかしくありません。

それから、これまた私たちの生にとって絶対に必要な水というものが、もう本当の意味の水ではなくなっている。都会生活では本当の水が飲めなくなってきた。水道が行き渡ったことはいいことです。そのためにずいぶん流行病が防止されました。しかしその反面、いわゆる真理というものの底が矛盾から成り立っているというか、ルネ・デュボス(一九〇一〜一九八二)の言葉で言えば、健康も「健康という幻想(イメージ・オブ・ヘルス)」というわけであります。健康と言えばみんな「病気でないこと」と思っているが、実際は健康というものの中に疾病《しっぺい》というものがある。健康とは疾病を裏返したものなんであります。栄養というものは換言すれば、同時に中毒とか、いわゆる酸化とかいうものを含んでおる。富貴と言えばすぐ頽廃《たいはい》、貧乏と言えばそれは成功につながるというわけで、すべてはそういう「相待」という相対関係からできておる。健康と病弱といったようにちゃんと分かれているのじゃありません。それを別々に考えるのはイメージである、イリュージョンであるということを、微生物学と病理学の碩学《せきがく》であるルネ・デュボスは文明論、人間論で諄々《じゅんじゅん》として説いているのであります。果たしてこういう点から言って、人間は、市民は、今後発達していく都会生活に順応していけるのかどうか、私には非常な疑問であり、恐怖であるとさえ言えるのである。

今ギリシャの世界的な都市学者であるドクシャデスという人が、やっぱり都市建設の専門家として、

「われわれのやっておる大都市の建設というものが、果たして市民に幸福をもたらすものか、破滅をもたらすものか、自信がない」

ということを言うておる。これは今のような相対性理論、相待、レシプロカルという相対的な、いわば造化の真理というものに自覚が足りなかった近代文明の、当然陥らねばならなかった結果というほかありません。

ご承知のように水道にはいろいろな消毒薬が放り込まれてあり、真水《まみず》ではなく、

いわば消毒液である。それも非常に厳格に守られておればいいが、人間のすることであるから、どういう間違いをしでかさんともかぎらん。この五月に久しぶりに群馬県の師友会の人たちに招かれて、赤城に遊んだことがある。たまたま私が参りました前の日、あの辺では鯉《こい》を飼って非常に収入をあげておるのですが、その大事な鯉が一斉に死んだという事故がありました。びっくりして調べてみたら、どう考えても水道の水よりほかに原因がない。すぐ乗り込んで調べてみたところ、果たせるかな、熟練した係員が休んで、たまたま補給された臨時の職員が、分量を誤って多量の消毒薬を投じた。それで鯉が全滅したということが判明したのです。相手が鯉だからまあ良かったが、これが人間だったら大変です。もちろん鯉ではないから死にはせんけれども、相当痛めつけられたことは事実であります。

人間の体はその大部分が水からできておる。そもそも、地球上の生物というものは、水からできたものである。水は空気と同時に、本質的に最も大事なものだが、その水の汚染ぶりは、これはもう、ほとんど想像を絶するものがある。東京湾のいろいろの開発に関係しておる友人が来て、しみじみと語った。

「われわれは一所懸命になって臨海工業地帯開発のために努力しておるけれども、

私はこの頃、東京湾の水を見ると良心が痛んでならん、非常に苦痛を感ずる。東京湾というのはもうドブ池みたいなものだ。以前は隅田川の水とか、中川とか荒川とかいろいろの川が集まって、そして東京湾に入って、緩やかに岸を洗って、それがずっと外海へ流れ出たものである。ところが今や東京湾を取り巻くあらゆる地帯がもうどんどん工場建設が進行して、その工場からいろいろの廃水・汚水が流れ出る。河川からはじめてみんな濁流・泥流になっておる。もう東京湾の底はドロドロ、まさに汚水の沼となってほとんど流れ出ない。とても魚なんぞは食えるようなもんでないようになっておる。恐ろしいことです」

という話をしておりました。

この間、何か読んでおったら、瀬戸内海のことが書いてありましたが、昨年度における瀬戸内海を航行した船の総数は三百万隻だそうです。その船で往来した旅客の総数は七千万人。もう瀬戸内海の水は濁りきって、魚なんぞ臭くて食えたものでない。そもそも漁民が非常に減った。そういえば、例のレイチェル・カーソン（一九〇七～一九六四、アメリカの女性科学者）の著書『沈黙の春』なぞ読んでもそうですが、あのアメリカの北の方に有名なスーペリオル、ミシガン、ヒューロン、エリー、オンタリオという五大湖がある。五つの大きな湖があって、これは漁場としてもまた電源としても非常に大事なところであります。ところが、これが今のいろいろな汚染を受けて、そこに棲息《せいそく》して、捕獲される魚類が昨今は十年前のもう百分の一に過ぎなくなっておると証明し、解説されておりました。カーソンの時にはそれほどでなかったのが、つい最近そういう記事がありました。これなどはいかにも恐ろしいことです。空気しかり、水しかり。

それから最近は飲み物・食い物がもうほとんど色がつけてある、味がつけてある、艶《つや》がつけてある、防腐剤が入れてある。いわゆる生粋《きっすい》というものがほとんどない。その一つひとつの着色剤、着味剤、着艶剤、防腐剤は、厚生省に言わせれば、毒性があってもごく微量であるから許可したというが、一つひとつがいくら微量でも、それがたくさん集まれば、これは非常な有毒性になることはもちろんであります。ところが、大衆というものは、きれいな色がついてあったり、妙な味がついてあったり、防腐剤が入っていると、むしろ安心して、よく買うものであるから、道徳なんぞ考えない商人は、道徳の段階まで至らんものであるから、そのような人の迷惑は少しも考えない。勝手放題に色をつけ味をつけ艶をつけ防腐剤を入れる。毒を入れるのであります。

空気がいかん、水がいかん、飲食物がいけない。それからいろいろの文明施設というものが、冷房・暖房となり、それらはみんな人体の自然機能を混乱させるものである。乗物の発達というものも、それによって時間と距離を無視するに至ったなどと言って、初めのうちは専門家が威張っておったが、これはとんでもない危険なことであるということも解明されるようになった。缶詰と冷蔵庫が発達した。これによってまた人類がずいぶん恩恵を受けたようであるが、この缶詰と冷蔵庫が、今また人間の悩みの種となっているのである。

◈「日用心法」

二十一世紀、あるいは今世紀の終わりには、もう家庭婦人は家庭の労働から解放されて、ほとんどボタン一つで暮らせるようになるだろうというようなことが書かれてある、説明されてある。ここのボタンを一つ押したら冷蔵庫が開いて、そこから望みの食品が出てきて、また次のボタンを一つ押すと、それが調理台に乗って、そこで自動的に調理されて、また別のボタンを押すと、配膳台の上にみんな集まるというようなもので、ボタンさえ押しておれば人間はもう何も働く心配はない。足も使わん、手も使う必要がない、頭も使う必要がない。そうなったら人間はレジャーに飛びつくようになろうが、次はそれさえ持て余して、いろいろとまた創造、クリエーションの機能を働かせるだろうというんだが、そうはいかんのであります。何も要《い》らなくなったらこれは人間が駄目になるということは、明瞭《めいりょう》であります。だからこのままでは、どうしたって過去の歴史が示す通り、文明は没落する、滅亡するということになる。そこで、われわれは何よりも、いかにして健康に生きるかという、いわゆる「生計」が本当に大事な時代になったと痛切に感ずるようになってきたわけであります。

少し心眼を開いて注意してみると、われわれの家でも、われわれの周辺でも、実にみんな無知であります。同時に誤っておる。弊害に耐えないものがあまりにも多い。といってまた、あまり神経が過敏になるというと、これがまた「生」を破る、傷つける一つの原因にもなるから、あまり末梢神経を働かさずに、悠々として、しかもこれを安全に導いていくという生計が大変に大事だということになる。

考えてみると、今後われわれが生きていくということ自体、これは非常に難しい問題である。それに対して世人があまりに呑気《のんき》である。あるいは無知であるということを、心ある者は感じなければならない。少なくとも人を教える立場にあるとか、導く立場にあるというような指導階層、教育家、為政者《いせいしゃ》、社会事業家というものは、よほどこの点に活眼を開かんと、まさに繁栄の中の没落ということになるのはもう必至であると言わなければなりません。

そこでまず「生計」というものを考えてみたい。生計というとみんな経済的な暮らしのことのように思うが、そんなものは生計の一つの枝葉末節の問題で、私が言う生計とはもっと根本的な生の計《はか》りごとであります。しかし、あまり理論ばかり言っておってもしょうがない。まず自分たちで実践できることからやらなければならない。それは、何よりも起居、起きる、寝る、居る、すなわち暮らす、その間に飲食すると、いわゆる起居、あるいは起臥《きが》、飲食、そのほか日常卑近の生活、思想、行動というものに、まず即さなければならない。これを古人の言葉で言うと「日用心法」という。日用というのは、毎日毎日作用する、働く、その心掛けの法則です。「日用心法」が大事なのであります。

さすがにこの頃は、文明の脅威、われわれの生活の矛盾というものが大衆を刺激して「日用心法」ということに気がついてきた。また起居、飲食、健康、あるいは疾病というものに対するいろいろの啓蒙書《けいもうしょ》がだんだん出てくるようになっておりま す。これは大変結構なことで、実は今度の講座でもみなさんに、健康法として真向《まっこう》法《ほう》を勧めると同時に柴田和徳さんが創始した足心道というものにも触れてみたいと思う。現在は二代目の和通さんが継いでおられるが、創始者は非常に足に通じた人です。だいたい足を見たらその人間の健康状態、生理状態、したがって欠陥疾病というものが分かる。特に足の指でありますが、これを矯正することによって、病院などでどうにもならないような痼疾《こしつ》、あるいは頑疾、頑固な疾病、あるいは急病というものは、良く解消することができる。万病は足からである。したがって治療も足からである、というその実際的にも診療的にも非常な卓抜な観察力と治癒・医療法を発明した珍しい人であります。人間は、確かに足を見てもすべてが分かる。目を見てもすべてが分かる。

私は昨日から歯で悩んだが、最近、歯科医というものにもなかなか偉い人が出てまいりまして、その練達の士になりますと、だいたい歯を見るとその人の性格、その人の習癖、それから体質、すべて分かるということであります。目のことはずいぶん聞いておりました。足のことも柴田さんはじめ足心道の方面から聞いて感を深うしましたが、まさか歯ぐらいはたいしたものでないと思っていた。便利な必要なものには相違ないが、そう深い体の生理や人間の心理とか習慣とかいうものに関係ない、いわば単なる物質的なもののように思うておったが、その私がこの話を聞いて非常に驚いた。歯というものがいかに神秘な、やはり生理学的な内容をもったものであるかということに改めて気づかされました。だから一片の歯といえども、おろそかにできない。例えば何にも遺品のないような人が自分の、あるいは自分の恩顧のある人の歯を大事にして、これを墓に納めると言います。歯の一片ぐらいを記念品にしても始まるまいと、実は思うておったがそうではない。やっぱり一片の歯といえども、これは確かに人間の霊魂と通ずる。その人の生身をよく代表するもので、これは大切なものであるということを、その歯科の大家《たいか》から聞いて、本当に感心したことがあります。

昨晩は歯が痛いものだから、薬をつけて寝ながらそんなことを思い出して、歯のことを考えておった。そうするといくらか歯痛を紛らす。歯痛のおかげでそういうことを思い出して、それからそれへといろいろ考えることができた。何でも例の相対性理論で、悪いことばかりではない。悪いことがあったら必ずそこに好《よ》いことがある。それをうまく処理していくのが、これが道というものなんだということを、歯を抑えながら、夕べは勉強した。そうしていけば人生のことで、そう発狂したり、神経衰弱になったり、自殺したりすることはありません。必ず免《まぬか》れる。大難あれば却《かえ》って大幸、大いなる幸いがある。これは余談であります。

そういう意味で、私どもはきわめて有益にかつ意義深く生計を営む。われ如何《いか》に生くべきか、ということの生理的な自覚や蘊蓄《うんちく》や実践をやっていく必要がある。ともかく「光陰虚《むな》しくすべからず」であります。その日その日、日用心法というものを、一つよく心掛けて行うべきであります。

まずわれわれは環境というものをよく観察すること。なるべく環境の悪い影響を受けないようにすることであります。止《や》むをえん場合には、それを先程の相対性理論、あるいは相対性法則、災い転じて幸いとなると考える。『老子《ろうし》』にもあります。「禍《わざわい》か、福の倚《よ》るところ、福か、禍の伏《ふく》すところ、たれかその極を知らん。それ止《とど》まるなきなり。正また奇なり、善また妖《よう》となる。民の迷うや、その日まことに已《すで》に久し」

災いかと思えば、これが幸いの依《よ》るところ、福の依るところであり、幸いかと思えば、福かと思えば、これは災いの伏すところである。何が幸いか何が災いかは、これはなかなか計られざることで、誰かその極みを知らんと言うのであります。まことに相対性法則・理論の神秘をつとによく道破しておりますが、よくこれに熟すれば、通ずれば、あるいは徹すれば、われわれは生活に窮するということはない。まず日用心法というものを心掛ける。それを自覚しなければならないと思います。

◆内臓器官の充電時間帯

それでは「日用心法」に大事なことは何であろうか。もとより微に入《い》り細《さい》を穿《うが》って言えば、きりのないことであるが、きわめて根本的と言いますか、だいたいの準則というものを挙げれば、やっぱり何といっても朝起きでしょうね。朝早く起きるということが、大変大事であります。人間の体そのものにはちゃんと時間がある。内臓諸器官はすべてそれぞれエネルギーを充電する時間帯をもっておる。

ご承知だろうと思いますが、一日の境《さかい》は、午後十一時です。古代からの暦ではこれを子《ね》の刻《こく》という。午後十一時から翌朝の一時まで、これが子の刻。ここから時が始まります。だから今日は、今夜の十一時で終わるわけです。今晩の十一時で明日になるわけです。いつもその真ん中をとりますから、十二時、真ん中をとって十二時までが今日ということになる。通説はそうなっておるけれども、正しい暦法からは、一時間前の十一時からになる。一時から三時までが丑《うし》の刻、丑の刻参りなんてのは真ん中をとって午前二時と言うんですが、十二支に二十四時が割り当てられておる。ですから、午後十一時過ぎて生まれたら、明日生まれとしなければならない。そこで人間は寝るのには十一時になったらもう準備をしなけりゃいかんのです。どうしても十二時までに寝ないと、つまり明日になって午前様になってしまうわけなんです。

ところが最近になって、東洋医学、西洋医学、生理学が発達しまして、人間の体の中の重要な内臓諸器官はみんなそれに則してエネルギーを蓄える、機能を充電させる時間帯をもっておるということが発見された。これは面白い。

子の刻	午後十一時～午前　一時	胆嚢《たんのう》
丑の刻	午前　一時～午前　三時	肝臓
寅《とら》の刻	午前　三時～午前　五時	
卯《う》の刻	午前　五時～午前　七時	肺・大腸
辰《たつ》の刻	午前　七時～午前　九時	
巳《み》の刻	午前　九時～午前十一時	
午《うま》の刻	午前十一時～午後　一時	心臓・小腸
未《ひつじ》の刻	午後　一時～午後　三時	
申《さる》の刻	午後　三時～午後　五時	

酉《とり》の刻　午後　五時〜午後　七時　腎臓《じんぞう》
戌《いぬ》の刻　午後　七時〜午後　九時
亥《い》の刻　午後　九時〜午後十一時

こういうふうにちゃんと養生すべき時間帯をもっているのであります。

例えば、子の刻に一番機能の働くのは胆嚢です。丑の刻は肝臓です。肝臓と胆嚢を合わせた肝胆は、午後十一時から午前三時まで、十二時、一時、二時というのが正しい。これが一番の受持ち時間なんです。したがってわれわれが肝臓・胆嚢という大事な機能の働く彼の受持ち時間、午後十一時から午前三時まで、この間に肝臓を養ってやらなくちゃいかん。電気でいえば、いわば充電の時間であります。エネルギーを十分養わせないといかん。腎臓は酉の刻ですから午後五時から七時。午前五時から七時までの卯の刻は肺と大腸。肺は必ず大腸と一対になっておる。相対関係にある。もう一つ心臓が大事だが、これは午の刻、午前十一時から午後一時で小腸と一対になっておる。そうしてみると、つまりエネルギーを蓄積し、またいろいろ解毒し、それをリクリエイトする大事な肝臓と、これに付随する胆嚢の充電時間帯は子・丑となる。だから、われわれが夜更《よふ》かしをして午前様になるということは、肝胆を損なうことになる。この時に休んで肝胆の充電を、十分エネルギーの蓄積をやらなきゃならん。この時刻に、バーだのレストランで酒を飲んだり、銀座だの新宿だのに出掛けて、フォークソングだとか、くだらない映画だとか観たり遊びほうけておるなんてのは、これはもう肝胆を自ら滅ぼしつつあるものであるということが分かる。だから少なくとも午後十一時には、家に帰っておらなければいかん。私なんかも、長の年月、午後十一時になると休むということをやりたいのだが、それができない。それをやっておったのでは、仕事が捌《さば》けない、本が読めない、ものが書けない。どうしてもこれはやむを得ざることで、真理に背くことになる。この時刻に逆に勉強をする。うまくやっておるから、私どもは非常な不自然な無理な生活を何十年続けながら、ボケもせず衰えもせず、何とか過ごしてくることができた。肝胆は大事であります。

肝腎といわれる腎臓は午後五時から七時でありますから、この時に大メシ食ったり大酒飲んだりなんかしては駄目である。あるいは、過度な運動をするのも駄目だ。暗くなるまで何か運動やっているのはよくない。この時刻にビールを何本も飲んだり、大酒飲んだり、牛肉食ったり、メシを食い過ぎたりするのはあまりよくない。だから夕飯はむしろ軽くすんだほうが腎臓を助ける。

それから、いわゆる卯の刻です。午前五時から七時、これは早朝だ。これは肺・大腸の時間。だからどうしても人間は五時に起きるのがいい、せいぜい真ん中とって六時には起きなければいかん。そうしてここで新鮮な静寂な空気を十分に吸って、真向法《まつこうほう》でもやって、肺・大腸の機能を昂進《こうしん》させることである。だから朝起きということがいかに体にいいかということが、ここで十分証明される。肝臓・胆嚢、つまり肝胆は人間の一番大事な機能で、むしろ心臓よりももっと大事である。何となれば、心臓の恩人はやっぱり肝腎でありますから、肝腎とはよく肝臓と心臓をとって「肝心」と書く人があるが、あれは肝臓と腎臓の「肝腎」と書いたほうがいい。熟語としての肝腎要《かなめ》は、肝臓・腎臓と、それから要《こし》。要は腰《こし》を略して読んだのである。

その意味でも朝起きて十分肝臓を養い、肺・大腸を養う。そして夕方というか夜の初めに腎臓を休める。そういうふうに体に内臓諸器官がちゃんと時間をもっている。こういうことが「真理の生活」というのであります。やっぱり人間は真理に従う生活をするように心掛けていかなければならない。やむを得ざる悪事ではやっぱりいかん。やむを得ざる善事のため、よい事のためにする。これにどうも矛盾する時は、いかにしてこれを補うかという相対性理論、つまり逆手をもってそれを補うことがよい。もし非常に、子の刻に頭を使うような場合には、その対となる昼の十一時から一時頃に昼寝をすることはいいことです。丑の刻に仕事をする人は、午後の一時から三時の頃にちょっと昼寝をする。薬でもちゃんと時間を計らって、内臓の機能に応じて与えるといいと思う。こういうふうに体にちゃんと合わせて、生活をすること、これが一番合理的であり、一番体に忠実な日用心法であります。

特に大事なのは、やはり朝で、少なくとも五時に起きる。やむを得ない場合には、この五時前後に起きて七時ぐらいまで最もエネルギーを集中しなければならない仕事をやって、そして昼過ぎにちょっとでも眠る。眠るというのを皆さん誤解をして、

「あなたは一日に何時間寝ますか」

なんてことを聞くが、それは愚問というものです。何も知らない人間の言うことであって、睡眠の研究なんてのは、もとよりつとに非常に深く行われておる。その専門家の究明しておる理論によれば、人間というものは何時間も眠れるものじゃない。本当の意味の睡眠は、たかだか続いて六十分から七十分。だいたいは一時間、六十分ぐらいで、稀《まれ》に七十分という実験記録があるようだが、だいたい本当に眠るのは、五、六十分、まあ一時間でしょう。この間はぐっすり眠る。あとは覚める。

覚めてうとうとする。この間ほとんど夢を見ておる。夢というやつは記憶に残らんから眠ったと思うておるんだが、実は覚めている。それをしばらくうとうと夢を見ておって、それからまたぐっと眠る。そのあとまたうとうとする、そしてまた何回か本当に眠るんですが、あとは夢を見ておる。時々その夢を覚えておることがあるが、だいたいはみな意識の深層に消え去って、意識には上《のぼ》らん。特に大脳皮質には上らんから、だいたい深層意識の中に沈澱《ちんでん》してしまっておる。それを分からんから眠ったと思うておるが、寝た、体が横になっておると楽だというだけであって、本当に眠っておるんじゃない、夢を見ておる。「人生夢のごとし」というのは形容詞じゃない、あれは本当なんだ。生理的事実なんであります。

何よりも健康であれば、そんなに長時間眠る必要はない。睡眠七時間、私は八時間眠らないとなんてのは、あれは愚者の言うことで、本当の生理の分からん者の言うことである。あるいは非常に虚弱者の言うことである。虚弱者というのは往々にして不鍛錬、鍛錬しない、体を甘やかしておる者を言う言葉でもある。人間は寝ようと思うなら何回か熟睡することを考えればいい。ぐっすり眠ることを何回かやればいい、それで十分なんです。だからそれを上手にやれば、あとは適当に二、三十分くらいぐっと眠れば、それで頭がはっきりする。労働したりなんかして体が疲れれば、少し横になる。合理的生活、正しい生活、正生活を得れば、そう体は疲れるものでない。疲れるというのは、だいたい今の外の悪い空気だとか、いけない食い物だとか、あるいは精神的障害とか、いろいろなものによって疲れるんで、正常な生活をしておったら、そうそう疲れるものではない。本当に熟睡するならそう寝る必要はないんです。

しかし、眠るというのにもいろいろあって、安眠というものと熟睡というものとは違う。人間は一生寝て暮らすというぐらいだが、正しい解釈をもっている人は案外少ない。同じように眠るというけれども、やかましく言うと、熟睡と安眠とは違う。熟睡、あるいは深睡、深く眠るというものは、これは動物でもやることを人間でもやる。しかし、この安眠というものは、これは非常に精神的なもので、心に悩みがある、邪念があるというような時には、本当の安眠はできない。熟睡はできても安眠はできない。監獄から逃げだしたといったような犯罪者が、山の中をうろつき回ってくたびれ果てて、熟睡はするけれども、始終怯《おび》えておるから安眠ができない。安眠にはならない。安眠というのは、精神的、心理的な安らかさのある眠りでありみます。たいていの人は安眠というと、何か気持ちのいい寝床だとか枕《まくら》だとかいうもので、いい気持ちに寝ることを安眠だと思っておるが、そういうものは、いわゆる熟睡のほうに入るので、安眠というのは非常な精神性のものであります。

◆「朝こそすべて」

われわれは熟睡と同時に安眠を考えなければならない。精神的によく眠ることを考えなきゃならん。そうしてとにかくあらゆる意味において、早起きということが、非常に大切です。イギリスの古来からの名高い格言に、

“There is only morning in all things.”

とある。あらゆることの中において、ただ一つ朝があると言うんです。もっと的確に訳せば「朝こそすべて」となると思う。本当にその時刻において、われわれのすべてが解決されるといっていいのでありまして、私の好きな言葉に、有名な清《しん》末の偉人の曾国藩《そうこくはん》(一八一一〜一八七二)の信条、生活立法の原則があります。

曾国藩は清末の太平天国《たいへいてんごく》の乱にあたり、郷里の義勇軍を組織してこの乱を鎮定し、累卵《るいらん》の危うきにあった清朝において李鴻章《りこうしょう》をはじめとする有能な官吏を育成した哲人政治家の一人でした。常に内省、自ら持することに厳しく、その日記、子らに与えた書翰《しょかん》は『曾文正公家訓』として知られておる。その彼が三十二歳の時に書

いた在京日記の中に「課程十二条」というものがあり、その中でも次の四カ条は、彼の日常不断の錬磨をよく表しており、私なんかも一歩でも近づこうと努力しておる。それは、

一　静坐《せいざ》　毎日何時に拘《かかわ》らず静坐すること四刻、来復するの仁心を体験す。正位凝命《ぎめい》、鼎《かなえ》の鎮するが如《ごと》し。

一　早起　黎明即起《れいめいそっき》し、醒後《すいご》　霑恋《てんれん》する勿《なか》れ。

一　読書不二　一書未《いま》だ完《お》えざれば他書を看《み》ず。東繙西閲《とうはんせいえつ》するは徒《いたず》らに外為を務むる人なり。

一　作字　飯後字を写すこと半時。凡《およ》そ筆墨応酬まさに自己の課程となすべし。凡《およ》そ事、明日を待つべからず。いよいよ積めば、いよいよ清め難し。

と言うことであります。その中でも誰でも心すべきことは、

「黎明即起《れいめいそっき》し、醒後《せいご》　霑恋《てんれん》する勿《なか》れ」

であります。夜が明けたならすぐ起きる。しかもフラーッと起きるのじゃない。

即起である。そして目を覚ましてから後は需恋するなかれ、「需」というのは「うるおう」という字、ぐずぐずする、ひたるという意味。需恋するなかれ。ああ眠いなとか、いい気持ちだな、もう少し寝床の中でうとうとしていたいなんて言って、ぐずらぐずらするのを需恋という。目を覚ましてからはぐずぐずするなと、これは誠にいい格言です。また目を覚ましてすぐ起きられるというのは、医学的・生理的に言うてもこれは健康な徴《しるし》です。目は覚めたけれど何やら需恋する、ぐずぐずしとるというのは、意識が朦朧《もうろう》としている、これは精神が敏活でない。したがって生理的にも本当に健康でないことを表す。

だから子供をごらんなさい。目を覚ますと跳ね起きるでしょう。この目を覚まして跳ね起きるという児童は、健康そのものである。生命が純真である証拠です。ところが歳《とし》をとるにしたがって、目を覚まして寝床で目をパチクリさせたり、あっちへ寝返りこっちへ寝返りして、ぐずらぐずらやっている。あれはもう老衰の証拠である。歳をとっても、目を覚ますとすぐ起きる人は、これは心身ともに健康なんです。

「朝《あした》に道を聞かば、夕べに死すとも可なり」

これは『論語』の有名な言葉であるが、これまた非常に現実的であります。あらゆる意味、あらゆる学問から言うて、この言葉は実に真理、至言であります。朝に道を聞かば、夕べに死すとも可なり。本当にわれわれの心身が、この時に最高の機能を発揮する。何よりも朝寝坊というやつは最もいかん。宵っ張りよりももっといかんのであります。

「朝聞夕死《ちょうもんせきし》」というので格言になっておるが、ついでにこれに則してもう一ついい格言がある。これを知る人がほとんどいない。それは、

「朝聞夕改《ちょうもんせきかい》」

というものだ。

みなさんが一つ座右の銘でも備えておこうと思ったら黎明即起して、習字でもしてみたらいい。この習字というものは不思議なものであります。少しいい硯《すずり》を買って実行してみるといい。硯なんていうものは飲み食いすることから考えたら、いとも安いものです。あんまりケチな硯に泥墨、泥筆なんていうものはやめて、少しビール代や牛肉代を倹約すれば、いい墨だの、いい筆だの、気持ちのいい硯を調《ととの》えるくらいのことはわけない、何でもないことであります。まず、黎明即起して、真向法《まっこうほう》でもやったあと、梅干し番茶を一服飲んで、そして座って、二十分でも三十分でもよろしい、多くは必要ない、墨を擦《す》る。この時に墨を擦るとまことに擦墨《さつぼく》の擦り

具合が良くて、硯が非常に品が良いと最高である。人間でも硯でも品というものが大事なんであります。品というのは修養せんと出てこない。これだけはいくら金ができても、いくら代議士に当選しても大臣になっても、品というやつは出てこない。

猿が人間のかぶる冠をかぶっているようなものである。『史記』の項羽本紀《こううほんぎ》に、この関中《かんちゅう》の地は肥沃《ひよく》で天下に覇《は》を唱えるにはもってこいの地だ、と説いたのに、項羽は秦《しん》の大宮殿も焼き払ってしまった。また故郷に帰ろうと言ったのに対してある遊《ゆう》説《ぜい》家が、

「沐猴《もっこう》にして冠するものだ」

と言ったという故事がある。沐猴とは猿のことである。人間には偉くなる、金ができるほど俗になるやつが多い。なまじ金なんか儲《もう》けたり、いわゆる地位なんか得なければただの人間で済むのに、それだけのあらゆる意味の修養のできてないのが、そんな巡り合わせに遭うとすぐボロを出す、堕落する。品というものは、不思議にやはり高度の精神生活をもたんと出てこないものなのです。

硯にも品がある。少し品のある硯に、清水を入れる、そして墨を擦るだけで、なんともいえず心が落ち着くというか、清らかになるというか、澄むものでありま

す。これは不思議です。どんなにむしゃくしゃしていても、よほど煩悩の強い者でない限り、もう黎明即起して墨でも擦ると不思議にそういう俗念というか、煩悩というのは消滅するものです。これは本当に不思議です。そこに手習い、習字というものの妙味がある。そして、「朝聞夕死」とまで書かんでいい、「朝聞夕改」と書いて、座右の銘にしておくとよろしい。

◆「朝聞夕改」と朝の読書

「朝聞夕改」という言葉には故事がある。

この故事は、学者の間には非常に興味をもたれておるんだけど、どういうものかポピュラーになっておらない。すこし専門に過ぎたからかもしれん。もし『論語』とか『孟子』とかいう古典の中にあれば、ずいぶん普及した言葉になったでありましょうが、西晋《せいしん》および東晋の歴史書である『晋書《しんじょ》』という本の列伝の中にあります。

周処《しゅうしょ》という非常に面白い男がおった。この男は司法長官までした人で、その倅《せがれ》に生まれたのですが、幼い時から非常な変わり者で、しかも実に強力無双《ごうりきむそう》で覇気満々、したがって少年時代から山野を駆け回り、素行が改まらず手に負えん乱暴者であった。もう郷党（郷里）の人間も持て余していた。

ある年、豊年だというのにみなしょぼくれているので、周処は不思議に思って慇意にしていた古老にその訳を聞いた。すると古老は、

「わが郷党に三つの災いがある」

三災だと言うておる。それを聞いた周処青年が、

「いったい何のことだ」

と詰め寄ると、古老はこう言うのだ。

「それはな、向こうの山に歳をへた白額の虎《とら》がおる。額が白髪の大虎がおる。こいつがどうにもならん。この村の疫病神《やくびょうがみ》だ。それから川に蛟《みずち》がおる、蛟竜《こうりゅう》がおる。これがしょっちゅう魚はとるし、人を食う」

「もう一つは何じゃ？」

と聞いたら、

「もう一つはお前じゃ」

と、こう言うた。

「そうか、分かった」

と言ったかと思うと、周処はそのまま山に入って、白額の虎を手打ちにして撲殺し、次には川に飛び込んで、その蛟、蛟竜と大格闘しながら何里とか流れた。それで村人が、やれやれヤッコさんもこれで死んだ、厄介払いをしたと言って喜んでおったら、ひょっこり帰ってきた。蛟を平らげて意気揚々として帰ってきたので、村の者ががっかりした。周処はおかしいなと思って聞いてみて、それほど自分が嫌われておったかと非常に感じて、彼は翻然《ほんぜん》として行いを改めた。

そして彼はその当時、非常に有名であった学者であり詩人、文人であった二陸といわれる、陸機、陸雲という兄弟を訪ねた。ちょうど陸機のほうが居らなくて、陸雲だけがいた。陸雲に会って、しみじみとその話をした。自分も一つこの辺で翻然として、今までの生活を改めて道を学ぼうと思うんだが、考えてみたらもういい歳になってしまった。今さら学問に志してもどうにもなるまいと思うけれど、何かいい方法はないかと相談した。その時、陸雲の口を突いて出たのが、

「古人は朝に聞けば夕べに改める（朝聞夕改）」

という言葉であった。「朝聞夕改」することが大事、さすれば歳などは問題でない。よろしくこれより「朝聞夕改」すべし。君はそれほど朝に道を聞いたんだから、気がついたんだから、直ちに改めよ、今夕から改めるがよい、と言ったと『晋

書』列伝にあります。そして、周処は一念発起、発憤して学び、一年にしてひとかどの人物になったのであります。「朝聞夕死」の「夕死」は「死すとも」だけれど、「夕改」は「とも」ではなく即今の事実、問題である。われわれには「朝聞夕死」よりも「朝聞夕改」がいい、「朝聞夕改」することであります。

それから同時に、これはすべてに通ずることですが、もう一つの生計、つまりわれわれが日々の生活、日用心法の上で心掛けるべきは、この朝の大事な時に愛読書をもつこと、読書ということであります。しかもこの大事な時に、つまらない小説とか雑書とか、ないしは機械的な事務書類などを見るのは心がない、心掛けが悪い、もったいない。この時に、本当に自分の心を清め、自分の悟りを導いてくれるような精神的な、それこそ格、品格の高い書物、道の書物、心の書物、魂の書物、古人の名著、聖賢の書というものを、たとえ一ページでも二ページでもよろしい、すなわち古人の短い文章でも手紙でも、あるいは詩でも答案でも語録でも読むことだ。

ことに語録はいい。語録も限りなくいい書物がある。『朱子語類』だとか『陽明語録』とか『論語』でもある種の語録であるが、その他『菜根譚《さいこんたん》』でも、『酔古堂剣《すいこどうけん》掃《すい》』でも『言志録』でも『呻吟語《しんぎんご》』でも何でもいい。あるいはセネカでもエピクテータスでもモンテーニュでもパスカルでも何でもいい、語録などは最もこういう大事な時にこそ向くものです。

「三上」という熟語があります。読書は何も机に向かって改まって読むばかりが能ではありません。「三上」とは、つまり枕上《ちんじょう》・馬上・厠上《しじょう》のことです。それだけでは意味がありませんが、実はこの「三上」をもって有益な書を読むことなりです。馬上はこの頃ならばさしずめ車上になるが、今日のように混雑し動揺していてははだ有害でもありましょう。しかし、これとて行いようではできないことはない。枕上・厠上には私自身三十年余も実行してきております。便所を良く使うことなど何でもないことです。世間の人は便所なんか汚いのが当然と思っている。この考えがそもそも悪い。便所は最も大切な処《ところ》です。身体の汚れを排出するのだから、同時により以上、心の汚れたものを排出すべきであります。便所はその意味でも沈思黙考の場であり、そのための良書を読む場であります。したがって、単なる理論の書や大部《たいぶ》の書はいけません。霊感を与える語録のようなものが一番適している。

つまりどんな所でも心を養う、養心の書をちょっとひもとくことです。これは非常な効果がある。良心、大脳、いや大脳というとかえっていけない。大脳の根幹であるところの脳幹部、小脳と連続して初めて意義があるんで、そういう意味においてこれは、養脳法・健脳法といって、養心、心を養うのに最も役に立ちます。

◆木偶坊《でくのぼう》にならぬために

次は夜の部に入りましょう。これは「三上」の枕上の読書になるが、これはまた宜《よろ》しい。一日中世事に追われて寝室に帰り、やれやれと横になった時、枕頭のスタンドのスイッチをひねって、心静かに会心の書を読む時の心の静けさ、満足というものは、実に貴《とうと》いものであります。おそらく、いかなる愚かな女房でも、ひそかに敬意を抱くでありましょう。この時に得るものは片々たる知識などではありません。私自身、この半生で枕上・厠上で読んだ書物の分量だけでも、おそらく心ない人々の到底信じられないものであります。ただし、必ずしも書を読まなくても宜しい。香を焚《た》き、心意識の運転を止めるべきでありましょう。仏家もつとに説いております。

「放尿・阿屎《あし》、皆是《こ》れ般若《はんにゃ》を行《ぎょう》ずるなり」と。

それにしましても、もし世の中に本というものが無かったら、人間はどうなるのでしょう。よくよく偉い人のほかは、実にくだらぬことばかりして、馬鹿になったり、むだな苦労をして、途中でへこたれたり、精神病者になって心を病むかもしれません。少なくとも何より寂しいでしょう。しかし、書物の氾濫《はんらん》も困ったものであります。殊《こと》にこの頃のように、安っぽい新聞・パンフレットや、大衆の俗な心理につけこむ劣悪な週刊誌など、こんなものは「書」の中に入りません。ここに言う「書」とは、それを読むことによって、われわれの呼吸・血液・体液を清くし、精神の鼓動を昂《たか》めたり、沈着《おちつ》かせたり、霊魂を神仏に近づけたりする書物のことであります。佳《よ》い食べ物も宜しい、佳い酒も宜しい、佳いものは何でも佳いが、結局、佳い人と佳い書と佳い山水との三つであります。しかし佳い人には案外逢《あ》えません。佳い山水にもなかなか会えません。ただ、佳い書物だけは、いつでも手に取れます。不幸にして佳い人に逢わず、佳山佳水に会わずとも佳書にだけは会いたいものである。佳書によって、私たちはしみじみと自分自身に話すことができる。天地が壊れる時も、ああ天地が壊れると語れるのであります。これが天地の外に立つということであります。

そこでもう一つ、私たちは造化《ぞうか》そのものが文字通り、われわれの生活に変化を与えるということを考えておかなければなりません。食べ物でも偏食ということは良くない。養生に最も良くない。変化がなければならない。その変化も今までのものと連絡・統一のない変化は、これは断絶で、これはもっといけない。統一・連関のある、つまり変わったもの、そういう変化をとることが人間生きるためには肝腎です。

それは読書研究というような点でも同じことであります。例えば教育家が教育関係書ばかり読んでおる。英語の先生が英語の本ばかり読んでおる。漢文の先生が、漢籍ばかり読んでおる。数学の先生が数学ばかりやっておる。医者の先生が医学の本ばかり読んでおる。これは案外良くないんです。つまり変化がないんです。変化がないというと、造化から遠ざかって、固定する危険があるからです。人間は変化があるところに弾力性がある、創造性がある。書物でも、朝そういう書物を見るということは、すでに大変結構なことでありますが、それに関連して、非常に参考になる別の分野の書も、随時忘れぬように、怠らぬように読む、勉強するということであります。

大きく分けると、西洋の学問をやっている人が、そういう時にちょっと東洋のいい書物を読む。東洋の学問、例えば漢学なら漢学をやってる人は、ちょっとイギリスとかドイツとかフランスとか西洋の書物を読む、医学をやっている人が哲学の書物、社会学の書物を読むとか、哲学をやっている者が科学の書物を読むとか、そこには内面的連関がなければならんが、そういう変化をもつということが非常に大事であります。

明治末期から大正、昭和になって漢学というものが非常に衰えたというのは、その頃から漢学の先生というものが、漢文の本ばかり読んで、とんと西洋のものを読まんようになったのが原因です。『論語』や『孟子』を読む、古い漢学者のものは勉強するけれども、新しい西洋の哲学だの科学だのというものは少しもやらん。そうすると思想が硬化してくる、硬張《こわば》ってくるんです。型にはまってくるんです。これは、思想、学問、読書ばかりでない、われわれの日常の生活においてもそうです。

例えば通勤なら通勤でもいいが、始終変化を考えなきゃならん。絶えず一定の時刻、何時何分に家を出て、電車に乗って、三十五分経《た》ったら、どこの駅へ着いて、そこから何分で事務所、会社に到着するというように一定のコースばかり辿《たど》っている。そうして会社へ行ってみれば、決まりきった席へ着いて、決まりきった人間と顔を合わせて、決まりきった事務の話をして、そうして決まりきった時間に退出して、決まりきったコースを通って家へ帰って、決まりきった女房、と言ったら悪いけれど、決まりきった家族の顔を見て、決まりきった時間に、決まりきった寝方をするど、これでは人間はもう木偶坊《でくのぼう》みたいになるんです。体も頭も木偶坊になるんです。そこには変化というものがなければならん。

ところが人間というものは、不精なものでありまして、早起きして、たまにはどこか回り道して歩いてみるのもいいんだが、そうすると十分ばかり損をするとか、何とかけちなことを考えて、結局は決まりきったコースで行ってしまうし、読書にしたって、自分は銀行マンであるから、別に政治だの哲学だの、そんなものに関係がない。したがってそういう余所《よそ》の世界の人間とか書物に別段付き合う必要もない。銀行マンだから銀行の仕事に関するもの、経済の書物とか景気の観測、そういうものぐらいを読むなら読んで、経済人と付き合って、それで十分だなどという生活をしておる。まことに味もそっけもない。モノの考え方が型にはまって、融通のきかん、応用力のない、魅力のない木偶坊のような人間になってしまうんです。

だからこそ、職業人になればなるほど、できるだけ余裕というものをつくって、別の世界、別の思想、別の学問といったものに触れる心掛けが必要です。そうしないと、人間が生きてきません。これは、むしろ養生法、日用心法のうちでも大事な点です。

私など世に出て往々感ずることは、時々宴席なんかに出てみると、これは相当に有名な人たち、あるいは有力者たちばかりだから、彼らはつとに親しい間柄だろうと思っておると、案外それが初対面の人が多く、ほう、あなた方同士は今までご存じなかったのかと、お付き合いがなかったのかと言うて異様に感ずることがある。相当の名士社会だと言ってみても、人が人を知らない。聞いてはおる。あるいはパーティーなんかで会うて挨拶《あいさつ》をした。けれども人間としての付き合いというものができておらんことが、驚くくらい多いのであります。人が人を知らないのでありま す。

そこに社交の意味もあるんですが、私たちは多く書を読む必要があると同時に、多く人を知る必要があるんです。これは非常に大事なことです。事業をやろうと思っても、事業をやるのには、金を借りなければならん。条件を揃《そろ》えて銀行へもっていっても、銀行の審査部なんていうものは、あれこれ難癖つけて、なかなか金なんか貸してくれるものではない。日本でも外国でも、銀行家というのは金の要らない人間に金を借りてもらいたがって、金の要る人間に金を貸さん、という定義があるくらいだそうだ。どこの国でもそうなんだ。正面から機械的に条件を揃えていったってなかなか取引になるものじゃない。ところが、その銀行家でも少し人間ができてきますと、例えば、自分の親しい、あるいは尊敬しているような人から紹介を受けて会ってみると、この男なかなか見どころがある、面白い、よし、一つ貸してやろう。賭《か》けてみようといった道楽心も起きて、案外、条件も揃わんのにポンと貸すこともある。これは実に微妙なものです。

それから人間というものは、日用心法、片言隻句《へんげんせっく》といって、そう機械的なものではない。たまたま膝《ひざ》を交えて話をした、一緒に一献《いっこん》酌《く》み交わした時に、何心もなく言うた一語に、君はなかなかいいことを言うね、見直したよというようなことから、大いに話が進む。そうかと思うと、君はなかなかできると思っておったが、つまらんことを言いやがる、愛想が尽きた、と一言で駄目になることもある。それがいわゆる人生の生というものである。これが普段の心法、日用心法によって養われる。これは一つの専門的用語で言う生計、いわゆる人生の生の計りごとの大事な問題であります。

第二章

「身計」

◆「師恩友益」

生計より入って、次に「身計」に移ります。

身計とは、私たちがいかにして身を立て、身を持するかという心構え、世に立つ志を計る、考えを定めるということであります。詳しく尋ねると、限りない問題ですが、要約して言いますと、一番大切なことは、「師」と「友」である。「師恩友益」、師友によらなければ、いかに天稟《てんぴん》に恵まれておっても独力ではいかん。むしろ天稟に恵まれておればおるほど師恩友益を必要とするのであります。

吉田松陰が有名な「士規七則」の中でも、「成徳達材には、師恩友益多きに居る。故に君子は交遊を慎む」と掲げてある。天稟が良ければ良いほど友益が要るので、徳を成し、材は要するに才であるから、人間の要素で言いますと、知能とか技能とかいうものにあたる。一方は人間の本質的要素であるところの徳性。つまり人間の本質と目的、両方の要素がこの言葉の中にちゃんと含まれておる。人間を完成させるのには「成徳達材」である。そして徳を成し材を達するのには、「師恩友益多きに居る」と言うのであります。出来が良ければ良いで、悪ければ悪いで、むしろ良いほど師友というものが大切な要素なのであります。

ところがこの師というものが容易に得られない。むしろ友のほうが得やすい。のみならず友というのは、師よりも親しい。直接交《まじ》わるものであって、どちらかというと、現実的には若ければ若いほど友が大事である。師というものは、そういう大切なものであるから、昔から必ず師弟と言って、相伴うものであるが、実に得にくい。いろいろの意味で得にくい。どこの国の人たちでも本質的に得にくい。だから東洋にはこんな諺《ことわざ》がある。

「経の師は遇《あ》い易く、人の師は遇い難し。願わくは左右に在りて灑掃《さいそう》を供給せよ」

経の師と人の師と、二つに分けて説いておる。「経の師」とは学術的に優れた師のことで、「人の師」とは人間的に優れた人格の高い師のことであります。後漢《ごかん》の末に郭林宗《かくりんそう》という非常な達人がおった。これは『漢書《かんじょ》』でも出色の伝記があるが、非常な達人です。この人に心酔した弟子が灑掃に任じて、つまり拭《ふ》き掃除、掃《は》き掃除の役を承って親しく教えを受けたということがある。

ちょうどそれと釣り合うというか、符節を合するような諺が、さすがに各国にある。一番良く知られている、良く引用されるのは、ドイツの諺で、ドイツ人ならだいたい学問したほどの人はみな知っておるが、ちょうどこれに当たる言葉がある。本の先生、書物を講釈してくれる先生、知識を与えてくれる先生は「レーゼマイスター」という。本を読むということを「レーゼ」と言う。先生は「マイスター」だ。そこで「レーゼマイスターは得やすい」と言う。しかし「レーベマイスターは得がたい」とある。「レーベマイスター」は人生の師、道徳の師、人間の師である。知識の師じゃない。そういう師は得がたいと言うのだ。洋の東西を問わず、人間の思うことは同じであります。

比較して言うならば、師よりは友のほうが得やすい。小さい時からみな友達と一緒に育つんですから。そこで友を選ぶということが最も大切であります。子を育てる親も、子のために何よりも注意すべきことは、師と友を選び与えるということであるが、まずもって友を選んでやらなければいけない。

これも常識になっておる『論語』の言葉だが、

「文を以て友を会す、友を以て仁を輔《たす》く」

とあります。「文会輔仁《ほじん》」と対語《ついご》になっておる。この場合の「文」は言うまでもなく文章の文ではなくて、文化の文である。つまり「仁」から出るところの瑞々《みずみず》しい鮮やかな成果としての文であります。この場合の仁は通俗の仁愛という解釈よりもっと深い意味をもっておる。宇宙、人生を通じて万物とともに生成・化育していく、その造化の徳が仁である。この仁が発していろいろの枝となり葉となり、あるいは花となり実となるというふうに発展していく。その根本である仁から出るところの瑞々しい鮮やかな成果が文というわけで、文化とか教養と言ってもいいわけです。それをもって友を会する、集める。そこで「文会」となる。山形県鶴岡の酒井藩には昔から人を集める講堂に文会堂という名がついておった。「輔仁」という言葉もまたいろんな処《ところ》で使われておる。文を以て友を会す、すなわち人間を次第に人間として立派にしていく、いろいろな教養というもので、友が集まる、友が増える。それによって人間の徳を養っていく。「文会輔仁」、あるいは「会輔」というような言葉も、「友仁」という言葉もよく使われている。「文を以て友を会し、友を以て仁を輔く」となるわけだ。

ついでに『論語』を見ると、

「益者《えきしや》三友、損者三友。直きを友とし、諒《まこと》を友とし、多聞を友とするは、益なり。便辟《べんぺき》を友とし、善柔を友とし、便佞《べんねい》を友とするは、損なり」

という言葉がある。友を通して益を受ける、益になるものが三ある。それから友を通して損になる、徳を損ずる、人間を損ずるようなのが、つまり悪友がこれまた三つあるということを説いておる。

父親が男の子が生まれるとよく「益三」という名前をつけることがあるが、語源はここに基づいているのであります。大阪にも吉田益三という有名な日本国民同盟かなんかでならした人がおった。もう亡くなったが、良い人であった。同じ大阪の知人の息子がおって、この人も益三という。「えきぞう」と付けたんだけれど、何時《いっ》の間にかみんな「ますぞう」と呼ぶようになり、本人も「ますぞう」と言っている。ちょうど私の「せいとく」と言うようなもので、誰も「まさひろ」とは読まん。「まさあつ」となればもっと面倒くさいもんだから、みんな「せいとく」「せいとく」と言う。それで通るもんだから自分でも「せいとく」というようになってしまったが、彼本人も「ますぞう」と言う。

君は名前の意味を知っておるか。何の三つを益《ま》んだと言ったら、へぇーとか言うてとぼけた顔をしている。親父《おやじ》がよく教えなかったものとみえる。それで『論語』にこういうことがあるのだと言ったら、初めてびっくりして、私の名前にそんな意味があったんですかと言うて、ノートして帰りました。その時に考えたが、世の中の親というものは案外抜けておる。せっかく伜《せがれ》に「益三」と付けたなら、もう伜が私のところへ来るようになったら、大学生になっておるのだから、せめて貴様の名前はこうだぞというくらい、教えておけばいいものを、教えなかったとみえる。お母さんもまたそうで、自分の腹を痛めて産んだ子に親父が名前を付けた、亭主が付けた。これはどういう意味かということぐらいのことは夫婦で話したに相違ないんだ。それなら何時《いっ》の日にか倅に、お前の名前はお父さんがこういう意味で付けたんだと、そのぐらいの教養があってしかるべきだと思う。

これは次の「家計」のところで言うべき話だけれど、世の両親というものは、案外くだらんといったら気の毒だけど、抜けておるのが多い。二、三度何かの同志の会で話したことがある。私は忘れもせんが、うちの近所に伝通院《でんずういん》という名高いお寺がある。そこで知人の葬儀が行われた。お参りをして焼香が終わって、帰り道をずっと門まで道が長いんですが、私の前を親戚《しんせき》か親しい友人夫婦なんでしょう、私の後にいたいけな子供、まだ幼稚園くらいの子供を連れた夫婦が帰っていく。その子供が頓狂《とんきょう》な声を出して、「ソワーカーって何だ」と言ってお母さんに聞いた。これは般若心経《はんにゃしんぎょう》を聞いて、終わりのあの言葉が耳に残ったに相違ない。

「ソワーカーって何だ」

とまた聞いている。面白いなと思って、私はお母さんが何と答えるかと、足を止めて耳を傾けたが、お母さんの口をついて出た言葉は、

「知らないね」

のたった一言であった。

これはいかん。せっかく子供が、「ソワーカーって何だ」と聞いたのだから、知らなくてよろしい、「知らないね」と、突っ放すということは、これはいかん。それこそ断絶だ、断絶の時代だ。

そうすると、子供はすぐ親父のほうを見て同じ質問を出した。そうしたらこの親父は言下に、

「お経だよ」

と答えた。これまたナンセンスだ。だいたい世間の両親というのは、これなんだ。それだから子供は良くならん。知らなければ知らないでいいんで、お経だぐらいのことは分かりきっていることなんで、言う必要もないことだ。

「なるほどね、それはお母さんも知らない」

「知らないから、良く勉強しような」

「お前は偉いね、そんなことが耳に残ったのか」

と言ったら、子供はそれで満足するでしょう。

親たちにそれだけの心掛けがないんだから、何をか言わんやだ。子供が悪くなる

のは当たり前だ。良くなるほうがむしろ不思議と言わなきゃならん。この一事をもって、世の中の万事を卜《ぼく》するに足る、と言うたが、だいたいはみんな知らんのじゃないか。専門的に言うといろいろ意味があるが、平たく言うと、仏様に駄目を押すことである。

「そうでしょ、そうでございますね」

と、駄目を押す言葉です。そうだよなとか、そうじゃないかといったような、駄目を押す言葉として「娑婆訶《ソーワーカー》」とあるんです。

ある信者の婆さんが明治の禅門禅界で名僧と言われた西有穆山《にしありぼくざん》（一八二一～一九一〇）という方を訪ねた。この耆宿《きしゆく》は曹洞宗の総持寺《そうじじ》住職で天皇の勅により直心浄国禅師の号を賜っており、近代稀有《けう》の道元禅の奥義《おうぎ》を極めた人といわれております。横浜の西有寺というお寺におったが、その婆さんが西有穆山老僧のところへ行って、何か一つ心得になることを教えてくださいとお願いしたのです。老僧はよしよしと、お前は一生この呪文《じゆもん》を唱えろと言うて、こう書いて与えた。

「おんにこにこ、はらたつまいぞや、そわか」

と。「怒るなよ、そうだよな」ということであります。これはいい施しだと私は思った。「娑婆訶」とはそういうことなんだ。ちょうど子供がいい質問をしたんだから、そこをつかまえなきゃならんのに、一方は突っ放す、一方は誤魔化す。おそらく子供は非常に寂しかったろう、不満だったろうと思う。それほど意識はしないけれども、深層意識ではすでに両親に対する反発あるいは軽蔑《けいべつ》が起こったに違いない。そいつが大きくなるといろんなことになってくる、千変万化するんだから。

話は少し余談になったが、「益三」つまり益は三つある。それはどんな友か。まず、

「直きを友とする」

「諒を友とする」

の二つであります。一つは直、一つは諒、いずれも「まこと」という意味です。言葉というのは心からでる「まこと」です。この諒というまことは「もっとも」と、頷《うなず》けるまことを意味する。人の話を聞いても、人に話をしても、聞く相手が、その相手の言葉になるほど「もっとも」と頷ける。これが諒であります。人間はせっかく対話しても、心の中でつまらんことを言うなぁ、間違っているな、いやなやつだなとか、いろいろ反応がある。良心的に「うん、なるほど」と頷ける真実が諒というまことなんであります。

対話の時代なんて言って、対話がいやに流行《はや》る。関連の本もたくさん出て、雑誌

を見るとたいてい対話が載せてあるが、つまらん対話が多い。何を言っとるかというようなのやら、これはどうしても屁理屈《へりくつ》だというものが多く、人間が本当に対話ができるようになるというのは、これは容易なことじゃない。われわれ人生において、本当に人と会って、なるほどもっともだと思う、まこととする、諒とするような相手は、なかなか得られるものではない。そういう本当の友に出会うことはいかにも有り難いことであります。

三つ目の益友は、

「多聞《たもん》を友とする」

であります。多聞の聞というのはただ聞く、すなわち雑識を言うのではない、ディレッタンティズムではない。この「聞」は言うまでもなく「道を聞く」という意味の「聞く」だ。「朝《あした》に道を聞けば、夕べに死すとも可なり」という、あの聞である。道を聞く、真理を聞く、教えを聞くという。そこまで立ち入らずとも諒と同じことでありまして、何かにつけていろいろと多く、われわれが諒とする、心を傾け、頷くような教養を多くもっておるというのを多聞という。このように「直」「諒」「多聞」の友、これが三つの益友である。こういう友をもたなければなりません。

◈「損三」の友

それなら「損三」のほうはどうであろうか。第一は「便辟《べんぺき》」と書いてある。便というのは、すなわち便利、易しという。英語に翻訳して言うならば「イージーゴーイング」というのが一番当たっておる。便利の便、通りがいいという、そういう手段的な方便的な、あまり責任のないというのが便。辟というのは「癖」のこと、偏《かたよ》るという字である。便辟というのは、ちょっと間尺に合うけれども、大道・本筋でない安直、イージーゴーイングな、考えてみると何か偏っておる、一理はあるけれども、癖があるという友のことである。

別の一説には、癖は避である。本当のことを避ける。その場塞《ふさ》ぎというか、間に合わせというか、いい加減な相槌《あいづち》をうつ。責任はとらないという間に合わせの相槌、その場塞ぎの調子合わせというのが便辟であるという。しかし、こいつは人間としては相手にして楽だ。自分に面と向かって斬り込んでこない、しかるべくあしらうというやつなんだ。調子を合わせるというやつは。

第二が「善柔」。芯《しん》がない、骨がない、気骨がない、バックボーンがない、調子が良くってグニャグニャしておること。この頃だいたい上は国会議員、内閣からして、学校の教授、それから親たちに至るまで、はらはらしてなるべく調子を合わせて憎まれまいと、事を起こすまいという、それが平和だなんて考える。これらはみんな「善柔」であります。

第三は「便佞《べんねい》」。佞という字は文字学的にはよく「佞」と書くけれども、これは間違いであって、「佞」と「佞」、二つ書き分けなければならん。どっちかでなければならん。というのは、テン一の佞のほうは、これは「信」という字を省いたもの。省画《しょうかく》という。佞は仁に女だ。要するにたいした相違はないんで、まことのある女性という意味。彼女は真心から言葉を出すから、受けるほうでは非常に優しい真実のいい感じがする。うれしい気がする。優しい真心の婦人は、聞くほうがうれしくなる表現をする、挨拶《あいさつ》をする、これが佞。だからこの頃はあまり使わんが、昔は自分のことを不佞といったものだ。これは「お気に入るような挨拶もできません、ろくな挨拶もできない私です」という意味です。本来、佞というのは、非常に良い言葉だった。それが、いつの間にか人間の堕落とともに、言葉も悪く用いられるようになって、大事な仁、すなわち芯がない、心にもないやつがうまいことを言う、これを佞と言うようになった。おもねるというような意味です。それが代表的な意味になってしまった。

この場合の佞は、悪い意味での「便佞」。人の気に入るように真心を偽って、心にもなく調子を合わせる、うまいことを言うというのが便佞だ。この頃の学校騒動を見ていると、大学教授だとかあるいはジャーナリストだとか、ああいう連中の言うことや人間を見ていると、いかにも便佞をきわめておる、こういうのが益三の反対の損三の代表的な友であります。

友を選ぶのに、この三益と三損とをよく考えて選ばなければならん。『論語』なかんずく孔子《こうし》はさすが苦労人、人間通、それこそレーベマイスターの大先生の言葉だけある。こういう友を選んでやるというのは、非常に心契《しんけい》、つまり自分というものを立派にしていくための修養に大事なことであります。

◆絶妙なる「絶交論」

昔から「交友論」というものが盛んである。友に関するこの思想・学問というものは、それこそ汗牛充棟《かんぎゅうじゅうとう》もただならざるものがある。六朝《りくちょう》時代に名高い劉孝標《りゅうこうひょう》（四六二〜五二一）という人がいて、『世説新語《せせつしんご》』という大変に面白い本の注を作り、また『広絶交論』という本を著した。私の若い時の作品で、心友であった吉川英治君が、自分で編集装丁をして作ってくれた『童心残筆』という本がある。この間、知人が買いに行ったそうだ。そしてまた、西武デパートの社長である堤清二氏が宴会で会うたら言うていた。

「先生の『童心残筆』に一万円とられました」

なんて目を丸くしておったが、神田あたりにめったにないが、時々出るそうで、やっぱり五、六千円はするらしい。他人迷惑な話だがね。僕の責任じゃないから(笑)。

この中に『世説新語』の好きなところをだいぶ私が選《え》りだしてきて、書いたことがある。実に懐かしい。若い頃、私は乏しい自分の学問的経験から言っても、いわゆる指導理念なるもの、精神科学の講義はほとんど身にならなかった。それよりもひそかに熱する思いに駆られて人物の研究に耽《ふけ》ったことが、一番わが身を修め家庭を護持し交友の世界を造っていく上に役立ったように思うのであります。その研究上ずいぶん愛読したものの一つに『世説新語』というものがあった。

『世説新語』は劉宋《りゅうそう》（六朝時代）の高祖《こうそ》（劉裕）の一門で、臨川《りんせん》に封じられた劉義慶《ぎけい》という文学好きの王が、当時の学者を集めて歴世人物の面白い説話を撰述《せんじゅつ》したものであったが、いつの間にか世の中から消えようとしていた。それを劉孝標が漢《かん》や魏《ぎ》、あるいは両晋《しん》（西晋・東晋）の珍しい典籍を材料にして注を試み、大変な流行となったのであります。まあ、そんな専門的なことはどうでもよいが、この人が『広絶交論』というものを書いた。難しくて長い。これは絶交論を広めるという意味であります。となれば、彼の前に誰かが『絶交論』を書いたに相違ない。その誰かというのは朱穆《しゅぼく》（一〇〇〜一六三）という人であります。朱穆というのは、朱公叔という字《あざな》で言うたほうがよく分かる。後漢の人です。

この『絶交論』に非常に感動して、劉孝標が『広絶交論』を書いておる。この朱穆という人は、これまた非常に面白い人である。『世説新語』の第四巻、文学篇《へん》に登場してくるが、

「朱公叔は学に耽り、精を専《もっぱ》らにし、講誦に鋭意す。或いは時に思うて自ら衣冠を失い溝岸《こうがん》に顚落《てんらく》するを知らざるに至る。其《そ》の父以為《おも》へらく、専愚にして幾《ほとん》ど馬の幾足なるかを知らずと」

というように、若い時から、親父が持て余した少年であった。いわゆる馬鹿かなという男で、非常にモノに凝る人物で、いわゆる現代語で言うと、思索に熱中すると、すべてを忘れてしまう。何か考えごとを始めると、着ておるものを何処《どこ》かで

落としてきたり、帽子や外套《がいとう》を忘れてきたり、それはまだいいんだけれど、ドブに落っこちてそのまま考えこんでおったり、とにかく始末が悪い。親父さんがあの野郎は、おそらく馬の足が何本あるかも知らんやつだろうと言うたということが、その『世説新語』に書いてある。私としてはいっぺん抱き締めてやりたいような人物であります。

ところが非常に偉い人で、後には文武兼備の非凡なる奇士と書かれてある。だから普通の人間とは大人になっても違っておる。時の威権一世を圧した梁冀《りょうき》という大将軍があるんだが、それに識者が彼を顧問にするように勧めたというくらいだから、よほどの人物であったのでしょう。この朱穆が常に人物、特に交友、交わりというものをやかましく吟味した。

要するに、特に天下の経綸《けいりん》、政《まつりごと》を行うには、どういう人材を友として政治をするかということ。これが、彼の結論であります。もう後漢も末になると、非常に政道、人道が衰えていた。今日の日本の時世にぴったりなんで、情けない。いったい人間というものは進歩するものなのか、それとも退歩するものなのか、時々この朱穆の言葉は現代でも反省させられる。『論語』為政篇にも、

「君子は周《しゅう》して比《ひ》せず、小人《しょうじん》は比して周せず」

とある。周は公正無私の交際の意で、比は私心をもって偏《かたよ》り親しむという意味である。そして『後漢書《ごかんじょ》』巻七十三の朱穆伝では、「比周、義を傷《やぶ》り、偏党、俗を毀《やぶ》り、志、朋游《ほうゆう》の私を抑えて、遂《つい》に絶交の論を著す。蔡邕《さいよう》、以為《おもへらく》、穆は貞にして孤なりと。又、正交を作って、その志を広む」と『絶交論』を世に出した経緯が書かれてある。くっついたりもがいたり、どっちかというと「グルになる」人間を「比周、義を傷《やぶ》る」と言う。今の時世はつまらん人間どもが比周、義を傷っている。グループをつくって道義に反することをやる。そして偏党、社会党だの共産党だの公明党だのというのは偏党だが、「偏党、俗を毀《やぶ》る」と言う。風俗を破ると言うのであります。比周して義を傷り、偏党、俗を毀る。こうして交游《こうゆう》の……お互いに友となり遊ぶこと。遊ぶはいろんな社会的活動をやること……党をつくり、朋をつくり、グループをつくって泳ぎ回る、活動して回る。しかもそれは私心、私欲からのグループ活動である。そういう比周、義を傷り、偏党、俗を毀り、……とてもこういう輩《やから》と天下の政が行えるものではない。こういうものを一掃せんといかんというので、『絶交論』というものを著したのだ。

　これに非常に感動した後漢の大学者に蔡邕という人がいる。非常に共鳴をして「正交」ということを主張した。これは朱穆の絶交論に基づいて立てた議論です。

それを読んで、またまた非常に感動した劉孝標になると、アイロニカルな皮肉な人でありますから、今日の文壇あたりでは大歓迎を受けるような人であったが、『広絶交論』、絶交論を広げる論というものを書いて痛烈にその時代の悪風を、今で言うならば、党人グループ活動の悪弊を罵倒《ばとう》した。今日の時世にひしひしと訴えるものがあります。

その『広絶交論』では、正交の反対である邪交についても五つを挙げておる。五つの邪交、悪交を挙げておる。その五つは、

「勢交」……その時世に勢力のある人間との交際。こういうやつは、勢力が移り変わるとどんどん離れていってしまう。

「賄交」……いろいろ賄賂《わいろ》を贈ったり、寄付したり、何かそういう関係で仲良しになる、交際する。今日もまたこの賄交に目に余るものがある。

「談交」……言論の交わり、マスコミに騒がれているタレントなどとの交際。今日の思想家だとか評論家だとか、あるいは外郭団体に属しておるもっぱら言論・文章のようなものをもって、時世に私を立てる、そういう仲間との交際は邪交であるという。今日の文壇、評論界、ジャ

ーナリズム、マスコミで、大いに流行《はや》っているのだが、あいつと付き合ったらいいだろう、というような交わりは談交であります。

「量交」……その時世の勢力の度合いなどを量《はか》って交際する。始終あいつの株が上がったとか、この頃は株が下がったとか、先物買いならあいつだとか、よくやっておる。

「窮交」……自分の困窮した時に助けてくれるような人との交際を求めること。これは一番情けない交際である。窮して、どこかに助けてくれるやつはないかと、あの人のところへ行けば少し何とかしてくれるかもしれんと、しょっちゅう自分の窮する話で頼ってくるやつ。こういうのに限って、少し楽になると、きょとんとして、一向に寄りつきもせん。

これが邪交の五つ、勢交、賄交、談交、量交、窮交であります。

『絶交論』における交際は特に男の交わりの世界でありますが、友というものがなければ、良かれ悪しかれ男はどうにも動きがとれん。せっかくなら善交、正交しなければならんのに、一世をこぞって行われているものと言えば、みんなこういう唾《だ》棄《き》すべき交わりである。邪悪の五交である。こんな交游はやめたほうがいいという朱公叔の『絶交論』に基づいて、これを敷衍《ふえん》して、劉孝標は『広絶交論』をやった。しみじみ読んでおりますと、本当に昔のことか今のことか、古今一如《いちによ》で感慨無量なるものがある。交わりというものは人間、なかんずく男にとっては非常に大事なことであります。

◈「学生憲章」

第一章　徳性は人間の本性であり、知能、技能は属性であり、習慣は徳性に準ずる。三者相待って人間を大成する。

第二章　学生はその徳性を養い、良習を体し、知識を修め、技芸を磨くを以て本分とする。

第三章　人間は鍛練陶冶《とうや》によって限りなく発達するが、その本具する諸々の性能は学生時代に成就するものである。古今人類文化に寄与した偉大な発明発見や開悟も、少なからず二十歳代に行われている。

第四章　学生は人間の青春であり、民族の精華である。その品性・態度・教養・行動はおのずからその民族・国家の前途を標示する。
第五章　学生は自己の学修及び朋友《ほうゆう》との切磋琢磨《せっさたくま》を本分とし、出来る限り雑事に拘《かか》わることを自戒せねばならぬ。
第六章　講説の師は得易いが、人間の師は逢いがたい。真の師を得ては、灑掃《さいそう》の労をも厭《いと》うべきではない。
第七章　国家・民族の運命を決する重大時機に臨んでは、敢然として身を挺《てい》し、敬慕する先輩知己と共に、救民・革命の大業に参ずる意気と覚悟を持つことは貴《とうと》い。

私はここに七つ学生憲章というものを作ってみました。今まではもっぱら政治とか、為政者とかいう立場から語ってきたのでありますが、自主的に自分が一身を立てる、世に処して、いかに自己を築き上げていくかという意味において、この「身計」は学生時代に一番自覚しなければならぬものであります。発奮・努力しなければならんのです。それで、今日ほど学生問題が人心を悩ましている時代がないものであるから、試みに学生憲章というものを作ってみた次第であります。

まず第一章である。

「徳性は人間の本性であり、知能、技能は属性であり、習慣は徳性に準ずる。三者相待って人間を大成する」

これはつまり学生たるものの基本であります。

学生は何をもって本領とするか。その大事な本性であるところの徳性を養うて、そして、これに準ずるところの良い習慣、良習を身につけて、そして知識を修め、技芸を磨くをもって本分とする。この知識・技芸というものは、もう若い時ほど始めるがよろしい。年をとるほど、これはいけなくなる。これは人間にかぎらず、生物すべてそうだ。造化の原理であります。

みなさんが木を植えるにしても、やっぱり苗木の時から手がけないといかん。その苗木の時に甘やかすといかん。これは、栽培家、造林家、例えば植林をする、あるいは植木栽培をやるというような人はみんな知っておることですけれども、このせっかくの苗木を無闇《むやみ》に、初めから肥沃《ひよく》な土地に植えつけて、甘やかして育てると、材質の柔らかい、風雨・寒暑・虫害などに弱い、へろへろした木になってしまう。良材にならん。必ず苗木の時に少し痛めんといかん、苦しめんといかん。どっちかというと、あまり肥やしなどやらん荒れた土地、それへ初めは密植する。バラバラに間隔をおいて、伸び伸び育てるというんじゃなしに、密植して、お互いに苦しませる。しかし、それればかりだと、今度は逆に弊害が起こるから、それを適当なる時期に、その辺りがいわゆるその道のプロというか、その道の秘訣《ひけつ》だが、適当な時にそれをいい土地へ移して、分植して、適当の間隔をおいて育てる。手入れをする。そうしないと美材というものはできない。

香り高い、いい茶を作るのもそうであります。私は茶が好きなものだから、茶に非常に敏感なんだ。そこでお茶も栽培の大家、名人などに聞くと、化学肥料などをやって、人工的に作り上げた改良土壌なんていうところではいかん。また、非常に塵埃《じんあい》であるとか、スモッグのような汚れた空気のところでもいかん。難しいことを言えば、あまり太陽が直射するというようなところもいかん。自然の岩石などの風化によってできたような土壌の、側に川があり、あるいは森林や山があって、朝霧がかかる。それが晴れる頃、おもむろに太陽の光が、斜光が照らすというようなところがいい。

楽器を作るのも同じことです。この頃、日本では琴がどういうもんだか再流行しているそうだ。あまりに西洋音楽に偏向しておったのが、この頃、民族音楽というものに大変みんな立ち返ってきておるらしい。そこで琴が無闇に流行《はや》りだしてきて、琴屋という琴屋がもう製造が間に合わん。それほど琴が流行しておるようであります。

その琴を作る名人の話に、本当のいい琴を作ろうと思ったら、琴は桐とか、あるいは桜とか、いろいろな材料がありますが、木にはやはり土壌が非常に大事であるという。やはりスモッグとか、あるいは煤煙《ばいえん》だとかいうような空気の汚れたところに育った木は良くない。なるべく清浄のところでなければならん。欲を言うと、ほど遠からぬところにお寺でもあって、そこから非常に古い名鐘、立派な名作の梵《ぼん》鐘《しょう》、鐘などが朝《あした》に夕べに鳴る、その鐘の音が響いてきて、それを吸収して育ったというような木が一番望ましいと言うのであります。そんな難しいこと言うたら、それこそ琴一面に何十万円と言われても仕方がないが、そういう話をしていた。非常に面白い話であります。

人の子も始終、意識的、無意識的に影響を受ける。つまり影と響きである。影響を受けるということが、言うに言えない微妙な力になる。それには、いろいろ面白い実験があります。例えば、子供がよく寝ておる時に、眠りを覚まさんだけの静かな音でレコードをかけて、歌でもいい、あるいは文章を読んでやってもいい、それを始終繰り返して聞かせる。そうすると、寝ておる時に繰り返し、繰り返し低くレコードをかけて聞かせた子供は非常によく吸収する。いわんや、覚めた子供に、分かっても分からんでも、例えば素読《そどく》をさせるとか、あるいは何ということなく繰り返し、繰り返し聞かせておくと、どれぐらい効果があるか分からん。ところが大きくなってから聞かせたって、なかなか耳に入らん。人間の能力というものは子供の時ほど純真、白紙のようなものだから、何でも吸収する。これは大事なことであって、大きくなってからでは、本当のこと言うとどうにもならんのだ。それでも為さざるよりはましだけれどもね。

そこで、人間能力から言うと、第三章の、

「人間は鍛練陶冶によって限りなく発達するが、その本具する諸々の性能は学生時代に成就するものである。古今人類文化に寄与した偉大な発明発見や開悟も、少なからず二十歳代に行われている」

と言うことになる。つまり十五、六、せいぜい二十歳ぐらいまでにだいたいができあがるというようにして学ばなければならん。古来、人類文化に寄与した偉大な発明発見、あるいは開悟・求道《ぐどう》、悟りというものも少なからず二十歳代に行われておる。これらの事例を挙げると切りがない。第四章も大切なことだ。

「学生は人間の青春であり、民族の精華である。その品性・態度・教養・行動はおのずからその民族・国家の前途を標示する」

学生はここを自覚しなければなりません。決して忘却してはならない。世界の諸国を視察しても、学校へ行って、学生、指導しておる先生、そこの学風、こういうものを見ると、この国は、この民族はやがてどうなるかということが一番よく分かる。

そこで、その次の第五章、

「学生は自己の学修及び朋友との切磋琢磨を本分とし、出来る限り雑事に拘わることを自戒せねばならぬ」

のである。学生時代につまらない、雑駁《ざっぱく》なことに拘わって、時を虚《むな》しゅうするというぐらいにもったいないことはない。なるべく自己の学修、および朋友との切磋琢磨を本分として、できるかぎり雑事に拘わることを自戒しなければならない。

その次の第六章は人の啓蒙《けいもう》の問題です。

「講説の師は得易いが、人間の師は逢いがたい。真の師を得ては、灑掃《さいそう》の労をも厭《いと》うべきではない」

これは前にも話した「レーゼマイスター」と「レーベマイスター」と同じことです。この「灑掃」というものは単なる労ではない。これは非常に意味があります。

掃除をするということは、これは一身、一家から一国に至るまで、これがなければなりません。清くする、清める、浄化するということは、これはただ単に有益ということばかりでなくて、非常に愉快なこと、快事なのであります。「灑」もまたその通り。ことに「灑」というものはまた面白い味がある。

昔から、禅道では、拭《ふ》き掃除というものをやかましく言った。作務《さむ》と言うて、非常にこれは大事な行としたものであります。その次に真剣にやらせるのが海軍、軍艦であります。拭き掃除というものには非常な効果、功徳《くどく》がありまして、だいたい人間は前足を進化によって手にした生き物なんであります。手というやつは前足だった。口の悪いやつは、「お前の手」と言わんで、「おい、お前の前足を」と昔からよく冗談を言って人を怒らせたものだ。これは確かに前足だ。手を解放して、やがて立って、脳というものを高くした。そこから人類の発達がぐんぐん進んだのであるが、進むということは必ず最初に言うた相対性理論である。進むという中に必ず退くという機能があるわけです。退化する。直立するということは何といっても重力に逆らうのであるから非常に疲れる。だいたいこんなところへ立って、二時間も大きな声で喋《しゃべ》って話をする。非常な労働なんだ（笑）。医学者の測定によると、ちょっと幾人か入る応接間で椅子《いす》にかけて二十分話をすると、約一里、四千メートルぐらい歩いたエネルギーを消費するそうだ。だから二時間この広いところで諸君に話をするということは、もうそれこそ一万メートルも二万メートルも歩いただけのエネルギーを消費するわけです。

のみならず、喋るということは舌を使う。ことに困ったことに歯を痛めて喋るなんていうぐらい、非常なエネルギーを要するものはない。舌を使うと、心臓を痛める。これは漢方医学が説いておるんだが、それを現代西洋医学が最近になって立証しておる。西洋医学はそこまで言っておらんが、漢方医学によると、舌を使って心臓を痛めると、眉毛《まゆげ》が抜けるという。そこで昔から人に説教をするのに、

「老僧汝《なんじ》らがために眉毛を吝《お》しまず」

と書いてある。吝嗇《りんしょく》の「吝」という字。なんで説教をするのに眉毛を吝しまずなんて妙なことを言うのかと思って、私は中学生の時分に何べんも禅僧に聞いたけれども、一人も答える者がない。「そう書いてある」と言うだけなんです。こちらは書いてあるから聞くのだが、答えになっていない。中には「昔からそう言うんだ」という坊さんもいたが、これも答えにならない。さっきのおっ母さんや親父さんと同じことだ。これは漢方の書にちゃんと書いてある。

そのせいか、私などは眉が薄い。多分しょっちゅうみんなに、非常に若い時から

お喋りをしたから、心臓を痛めて、こうなったんだと思うんだが……。そのわりに心臓は丈夫らしい。とにかく眉の毛は薄くなった。これは大変な弊害だ。人間立つことによって、非常に利点もあるが、それだけ弊害もある。そして、頭も正しく使えばいいんだが、懊悩《おうのう》したり、不養生したりするから、どうしても頭を痛める。

そこで、胃腸や心臓を悪くしたり、頭を悪くすると、どうすればいいかというと、これは空気のきれいな川原だとか、森だとか、山とかいうところで、手袋をはめて、そして獣に返って歩くんだ。これを繰り返してやる。朝晩とか昼寝の後とかいう時にこれをやると、胃腸病など三日もすれば治ってしまう。神経衰弱なんかはたちまち治る。寝床へ入って本を読んでごらんなさい。眠れなければ、寝床の中で寝返ったりなんかしながら目をパチパチさせて妄想にふけるよりは、なるべく難しい本をスタンドをつけて読むんだ。いかな秀才でもすぐ寝てしまう。

私の友人で、神戸に弁護士がおったが、弁護の関係、その他から少し神経衰弱になった。この話を聞いて、それを実行したら胃腸病と神経衰弱がきれいに治ってしまった。しかし、一番手っとり早い方法は拭き掃除です。坐禅《ざぜん》ばかりやってると、みんな胃腸病になる。坐禅と称して、非常に不自然な姿勢になっている時間が多いからであります。

そこで、禅道ではやかましく作務《さむ》と称して拭き掃除をやらせる。尻《しり》振り立ててカーッと拭き掃除をやると、もう胃腸は丈夫になるし、頭はクリアになる。空っぽになるんだ。空っぽになるということは邪念を払ってしまうから、結局クリアになる。どんどん拭き掃除をやらせるがいい。水兵なども軍艦でやらせるのが一番健康によく、かつつまらないことをやらなくなる。灑掃《さいそう》というものにはそういう意味がある。

近頃の大学生を連れていって、講釈を聞かせる前に、灑掃をやらせるということは非常にいい。いわんや名師に就いて、立派な師匠に就いて、その膝元《ひざもと》で灑掃の労をとるのは労どころか、掃の恩である。むしろ恩に浴するということは非常にいいことである。教育の方法はなんぼでもあります。

◆立志と革命

それから、最後の、

「国家・民族の運命を決する重大時機に臨んでは、敢然として身を挺し、敬慕する先輩知己と共に、救民・革命の大業に参ずる意気と覚悟を持つことは貴い」

これが大事なんだ。今日、もっともらしくて、非常に間違っていることは何かというと、「青年、青年」と言うことだ。もう青年でなければいかん、青年が大事である、青年に期待しなければならんと言う。その通りであるけれども、それは多く諂《へつら》い、あるいは誤魔化し、あるいは責任逃れというものである。青年というものは、まだ思慮も経験も熟さん、純真である。それだけに危険である。往々にして方向を誤る。問題、人事というものに熟さんから、思索・判断を誤る。それゆえに危険であります。

そこで、どうしても先輩・長者というものと相俟《あいま》たなければいかん。組み合わさなきゃならん。世の中のことはすべて組み合わせから生まれる。いわゆるこれは配合だ。交配だ。天の配剤妙なるかなの一語に尽きるであります。薬というのは必ず合わせる。だから配剤という。合わさんと創造にならん。人間でもそうで、いくら英雄豪傑といったって、子孫を生むわけにいかん。女房をつかまえて、「お前、ろくな子を生まんから、俺が生む」というわけにいかん。やっぱり交配せんと子ができぬ。薬でもそうであります。

飲み物、果物でもそうです。葡萄酒《ぶどうしゅ》は確かにうまい。本当のいい葡萄酒を造ろうと思うと、ブドウの木から調合しなければならない。ブドウの木というものは非常に弱い。いいブドウの木ほど弱いから、どうしても接《つ》ぎ木をせんと駄目である。だからフランスあたりでは、いいブドウを作る栽培家は絶えずアメリカあたりから、野生のエネルギーの逞《たくま》しいブドウの木をもってきて、それをフランスのブドウの木に接ぎ木をするんです。そうせんといい葡萄酒にはならん。

私は柿が好きだが、柿でもそうだ。柿でもうまく接ぎ木をしないと、すぐ駄目になる。だから、昔は、例えば船場《せんば》島之内なんていう商家では、商売人の家では、どうも二代目、三代目は直《じき》に駄目になりますから、娘にしっかりした番頭とか、婿をとらせるといった、いい接ぎ木をやる。それで、あれは百年、二百年という暖簾《のれん》が保てたのです。

政治とか、革命とかいうようなこともそうであって、青年だけでは駄目である。老年だけでも駄目である。青年と老年とをうまく配剤、合わさんといかん。その合ったのが成功しとる。実際調べてもすべてそうです。青年だけでやったとか、老年だけでやったという例《ためし》はない。

薩摩《さつま》でも西郷南洲《なんしゅう》や大久保利通だけが明治維新の一人舞台でやったというものではありません。独壇場というが、独壇場というのは本当は通俗用語で、独擅《どくせん》と手へンでなければ意味が通じない。ほしいままにするというのが独擅場だが、決して彼らの独擅場じゃないんで、やはりいろいろ交配して初めて薩摩が成功した。それは薩摩の大先輩、例えば島津斉彬《なりあきら》というような非常な長者がおった。あるいは、上士といった高い地位に名門の小松帯刀《たてわき》というような、年は若いけれども、非常に偉いのがおって、それと貧乏侍、冷や飯食らいの大久保一蔵だとか、西郷吉之助だとかがうまく嚙み合わさって、初めて薩藩の成功があった。

長州でもそうです。遠くは村田清風であるとか、近くは周布《すふ》政之助というような、非常に青年人材を愛し、よくこれを面倒をみた長者とかがおって、そこに高杉晋作《しんさく》とか久坂玄瑞《くさかげんずい》といった青年、あるいは伊藤俊輔《しゅんすけ》とか山県狂介といった貧乏侍、桂小五郎なんていうのは少しいい家柄のほうだが、こういうのとがうまく嚙み合わさったから、長州も成功した。その青年派と、老人派、上士と下士なんていうものが分裂したら、これはどうしたってうまくいかない。これはいつの時代、どこの国、いかなる革命の事例をとっても、みんなそうであって、人材の微妙な配剤、組み合わせがなければ成功はしないのであります。

幕末の青年、維新の青年なども、だから感心に、実に先輩・長者を訪ねて教えを受けておる。また、その先輩・長者はそれに対して実に親切に教えておる。そういう感激すべき物語がいくらでもある。例えば、藤田東湖なんて、あれは幕府親藩

(水戸藩)の重臣だ。そこへ西郷吉之助とか後の海江田信義だとか、あの薩藩の青年志士が訪問をして教えを請うておる。特に青年のああいう志士のことであるから、

「われわれは今後どうすればいいでしょうか」

というような質問をしておる。彼らは興奮しておるけれども、実のところはっきり分からん。今の革命、革命と言っている連中でもそうだ。革命といってもいったい何をやるんだ。デモと革命とは、これは本質的に違うものであって、革命をやって、日本をどうするんだなんてことを聞いたら、返答のできるやつはほとんどありゃせん。みんなナンセンスの一語に尽きる。

そこで、吉之助たちも率直に東湖先生に、

「どうすればいいんですか」

と聞いたら、東湖は、

「それは遠慮なくやるんじゃ」

と言うた。西郷はああいう正直な人だから、

「何をやるんですか」

「どうすりゃいいんですか」

と聞いた。

「それじゃから、貴様らは話にならん。お前らは幕府を倒す。天朝をいただいて幕府を倒すことをやるがいい。やるんじゃ」

「そんならあなたはどうなさるんですか」

とまた聞いた。そしたら東湖が開き直って、

「俺は幕府親藩の重臣だ。だから俺はお前らと一緒にやるわけにはいかない。お前らはお前らでやれ。俺は俺でわが藩を助けて、できるだけ日本国家のためになるようにやる。だから俺のことは心配せずに、お前らはお前たちでやれ」

と、こういうことを教えられる。吉之助たちは、

「そんなもんですか」

と感心して引き下がってきておる。

これが維新の本当の姿です。そういう気合、やりとりが実にいい。道に適《かな》っておる。

この頃はそれが逆だ。革命をしようという青年が一つも先輩・長者について教えを聞かん。聞かんどころじゃない、これを軽蔑《けいべつ》して、それこそ断絶しておる。一方では先輩・長者もそれを忌避したり、迎合したり、手練手管《てれんてくだ》ばかり使って、少しも教え、導くことをしない。これでは日本の維新ができるわけはない。その点では今

の中国も悲劇だ。本当の革新分子というものと、先輩・長者との間に何らかの精神的連鎖がないどころじゃない。非常なこれは矛盾と不合理、非道というものが渦巻いておる。ここに挙げておいたように、

「国家・民族の運命を決する重大時機に臨んでは、敢然として身を挺し、敬慕する先輩知己と共に、救民・革命の大業に参ずる意気と覚悟を持つことは貴い」

という精神が肝腎《かんじん》なのであります。

しかし、あらゆる青年がみなそうしなければならんというのではない。

例えば文天祥《ぶんてんしょう》の話がある。これは敢然として、敵国の侵略に応じて、祖国を救済するために奮起したのでありますが、その時に彼の親友である曾先之《そうせんし》、すなわち後の『十八史略』の著者である彼は、超然として故郷の山水に籠《こ》もって著述に没頭した。それでもいいのです。それぞれその人間の本然に生きればいいのです。文天祥はさすがにそれをよく解するから、曾先之に実に感動すべき手紙を送っている。「お前は偉い」といって礼賛しておる。そういう調和があって、そういう多様性があって、初めて維新というものが行われる。

だから、そういう新しいクリエーションには、それに与《あず》かる人間の間に、西洋でもディバーシティとか、ダイバーシティという、多様性、変化性、これをやかまし

く言う。一律一概ではいかんのだ。誰もかれも自分の枠の中に入れよう、一つのイデオロギーにはめ込んでしまおう、一つの生き方に律して、一律に収めてしまおうということは、これは真の意味の創造にならない。そういう意味で私はここに「学生とは何ぞや」、あるいは「学生はいかにすべきか」ということを、七カ条に要約したのであります。

◈「教師憲章」と身計の覚悟

そこで、今度は学生の反対側の教師というものについて、ついでに「教師憲章」というものも挙げておこうと思う。日教組の教師の倫理綱領というのはおおよそ私が見た従来の世界の教育に関する、教師に関する宣言あるいは憲章の中で最劣等、最悪のものである。また文章自体も最拙劣のもので、あれはどうも日教組というものは、日本ばかりでなく、世界に醜をとどめる情けないものだと思う。あまりにも情けない。せめて、私がここに書いておいたのはいくらかその薬になる。

「教師憲章」

一　教育は職業的・社会的成功を目的とする手段ではなく、真の人間を造ることを使命とする。

二　子弟が将来いかなる地位に就いても人から信用せられ、いかなる仕事に当たっても容易に習熟する用意のできておる、そういう人間を造ることが教育の主眼である。

三　将来を担う子弟が、明日の行路を誤たず、信念と勇気をもって進む為に要するものは、単なる知識・理論や技術ではなく、人間の歴史的・恒久的な原理であり、典型である。

四　教師は漫《みだ》りに人を教うる者ではなく、まず自ら善く学ぶ者でなければならぬ。

五　教師は一宗一派の理論や信仰を偏執して、之を子弟に鼓吹してはならない。

六　教師は学校と教壇をなおざりにして、政治的・社会的活動をしてはならない。

七　現代が経験している科学・技術・産業に於《お》ける諸革命と相応する理性的・精神的・道義的革命が達成されねば、この文明は救われない。その「革命への参加」は、教師において、いかなる階級の奪権闘争でもなく、もっと内面的・霊的な創造でなければならぬ。

真の人間を造るということはどういうことか。現実に、剴切《がいせつ》に言うと、第二章の、「子弟が将来いかなる地位に就いても人から信用せられ、いかなる仕事に当たっても容易に習熟する用意のできておる、そういう人間を造ることが教育の主眼である」と言うことなのであります。

どんな地位についても、人から信用される。どんな仕事にあたっても、何も初めからできる必要はない。いつでも謙虚に、熱心にそれを学ぶ。学べば必ず人間は習熟することができますから、いかなる仕事にあたっても、容易に習熟するところの心構えのできておる、そういう人間を造ることが教育の主眼になります。これは、実はケンブリッジやオックスフォードの大学の校是・教育の方針であります。私がそれに共鳴をして、いささか言葉を変えただけのことであります。

最初からちゃんとできあがった、知識でも技術でも何でも、できあがったものをこしらえて出すというのではない。そんなことできるわけがない。まだ学生なんだ、青年なんだから、そうでない、どこへもっていっても人が信用する、何をさせてもすぐにできるようになるというだけの心構え、態度、つまり用意、それができておるという人間を造る。これが教育者の学生・生徒に対する大原理であります。

そこで、やや内容に入って、

「将来を担う子弟が、明日の行路を誤たず、信念と勇気をもって進む為に要するものは、単なる知識・理論や技術ではなく、人間の歴史的・恒久的な原理であり、典型である」ということを説明しましょう。

つまり原理原則、その模範的人物、典型、これが必要なんです。そこで、例えば戦後日本の教育に大いなる変革と打撃を与えたこのアメリカをとって考えても、アメリカの識者がみんなこれを言うておる。例えば職業教育というものがある。商業、工業、農業、いろいろな職業に役に立つ人間をつくる職業教育というものは大事なことである。しかし、この職業教育というものは、教育の本体でないということは、これもまた定論である。むしろ、この職業教育を施そうと思えば思うほど、職業教育の終始を通じ、あるいは職業教育の前提に人間教育というものが要る。人間の心構えや態度、生活というものを正しくする、そういう教育をしながら、あるいはそのできた者にして、初めていわゆる職業教育ができる。教育そのものが職業教育だなんて思ったら大きな間違いであって、それは結局、職業を破壊するということが識者の通論になっているのであります。

例えば、年わずかに三十にして、しかも総合大学の学長になったハッチンスなんていう人がいる。さすがのアメリカでもこの人事は少し型破りすぎるというので、人々は非常に危ぶんだ。しかし、このハッチンス学長は堂々とその使命を果たして、今やアメリカ教育界の非常に畏敬《いけい》されておる元老です。この人が堂々とそのことを言った。

そして、学生というものには、どんな教育たるとを問わず、常に根本において、人類の偉大な哲人や根本経典の書を読ませなければならんということ、これが一番教育の根本問題だということを力説しておる。ここに挙げた「学生憲章」にしても、「教師憲章」にしても、これは単なる私の意見を書いたのではなくて、教育勅語ではないけれど、古今に通じて誤らず、東西に施しても悖《もと》らざる、つまり古今東西に徴して選定したもので、私個人の独断・臆説《おくせつ》ではないから、安心してもらいたい。次は、

「教師は漫《みだ》りに人を教うる者ではなく、まず自ら善く学ぶ者でなければならぬ」ということ。『礼記《らいき》』の中に学記という項があります。その中に「教学半」という言葉がある。「教うるは学ぶの半《なか》ばなり」と読んでもいいし、「教と学とは半ばす」と読んでもいい。教えるということは学ぶということです。人に教えるということは自

ら学ぶということで、自ら学ばずして教えることはできないが、実際に教えるということぐらい学問になることはない。自分で分かっているつもりでも、人に話してごらんなさい。終《しま》いに自分で何を言っているのか分からなくなる。

私は相当に弁論の立つ友人と一緒に講演に行ったことがある。何やら難しい問題を持ち出して、喋り出したのはいいのだけれど、終いに自分で自分の言ったことが分からなくなってしまった。正直な人で、ユーモラスな人なんですが、

「ああ、何だか、僕は今日何を言うてるんだか、分からなくなった。もうやめた」

と言うて、三十分ほどでやめたら、みんなが拍手大喝采《だいかっさい》をしたことがある。

後で、今日の講演ぐらい面白かったことはないと言って、非常にみんな感動しておった。そこらあたりに真理というものがある。何も上手に、頭よく、手際よくまとめて喋るのが芸じゃない。常識で、通俗に考えるのと、真理はまた別である。要するに、「真《まこと》」というものが迸《ほとばし》らなければいけない。教師というものは、まず学士、学ぶ人、学人であって、初めて教師になる。

「教師は一宗一派の理論や信仰を偏執して、之を子弟に鼓吹してはならない」

これは言うまでもないことです。教師というものは人間を教えるのであるから、人間の個性、その才能に応じて、これを育てなければいけない。

上杉鷹山《ようざん》の師として名高い細井平洲《へいしゅう》先生ばかりでなく、その他幾人もの聖賢たちが言っておるが、教育の仕事というものは、自分の好きな菊や蘭《らん》を作るのと違って、これはいろいろな農作物を作るのと同じことだ。米だ、麦だ、菜っ葉だ、大根だ、蕪《かぶ》だ、人参だという、それぞれ立派に育ててやるのが農業の仕事だけれど、教育というものはそういうものだ、と言うておる。

だから、教師というものは、自分を修めるのとは違う。生徒に対して、学生に対しては一宗一派の理論や信仰を偏執して、それによって自らを作っておる時に、その自らの真、生命であるのが一宗であろうが、一派であろうが、それを通じて語るということはよろしい。少しも遠慮すべきことではない。しかし、一宗一派の理論や信仰に偏って、偏執して、それをもって他を排斥して、そしてそれを吹き込むということは、これは無理であり、不自然であり、いわゆるダイバーシティに偏向するものである。

自分が松の木が好きだからといって、みんなに松の木を植えろと言う。自分が桜が好きだからといって、みんなに桜を植えさせる。松の木を植えたり、杉の木を植えたりした者があったら、それを罵倒する。これほど良くないものはない。日教組のように、マルクス主義階級闘争論なんていうものを鼓吹することは、断じて、大いなる間違いである。

「教師は学校と教壇をなおざりにして、政治的・社会的活動をしてはならない」

それが嫌なら教師をやめて、そして活動すべきである。

「分」というものを知らないのは、今日の学生の、まして大学の教授諸君たちの悪いところだ。国立大学教授、学長が国家の最高機関である議会、国会によって、しかも、とにかく合法的に議決された国法を、気に入らんから俺は守らんというのでは、これは明らかに憲法から言うても罪人になる。そんなことは、法学、法律学をやるまでもなく自明なことであり、人間の当然の常識であるが、それが分からないという不思議な堕落、不思議な世の中に日本はなってしまっておる。それを、また文部省も議会も内閣も何も言わん。まったくこれは無法、無規律の世の中であります。

「現代が経験している科学・技術・産業に於ける諸革命と相応する理性的・精神的・道義的革命が達成されねば、この文明は救われない。その『革命への参加』は、教師において、いかなる階級の奪権闘争でもなく、もっと内面的・霊的な創造でなければならぬ」

この指摘は現在諸国を通じて、おおよそ権威あると言われておる人々に異存のないことであろうと思う。その革命への参加、この文明を救うという、本当の革命への参加は教師において、いかなる階級の奪権闘争でもない。ソ連や中共やチェコや至るところでやっておる闘争ではない。革命と称する闘争なんかではない。もっと内面的、霊的な創造でなければならない。革命とはそういう事業でなければならない。これが私の信ずるところであり、また、私の理性と広範な現代の書、学問を通じて肯定せねばならんところの結論であります。

志のある者が、それぞれの場において、自ら信ずるところを実践するよりほかに世の中を良くする道はないのであります。伝教大師のいわゆる「一灯一隅を照らす」と言う、自ら一灯となって、自らの座しておる一隅を照らす。師友会が長年一つのモットーとして提唱してきたものであります。ようやくこの頃、同志によって、各地に各場所において、すなわち各隅において、これが大変力行《りっこう》せられるようになって、「一灯行」が、いわゆる百灯、千灯、万灯行になってきたのであります。

今朝ちょっと新聞を見ておったら、今東光師が、あれは天台であるが、これからは一灯行だと言っておられた。われわれの天台宗はこれから大いに一灯行をやるんだ、天台大師、伝教大師の一灯行をやるんだと大見栄をきっておる。誠にけっこうであって、今東光師でもいい、やってくれるなら、大いに一つやってもらいたいものだと思う。そういうことを累積していくよりほかに、正しい意味の革命は起こりません。それが行われない、実践されない時には、どうしても日本はある期間、ある程度混乱と破壊を免れんと思う。これは民族として、国民としては自業自得と言われても仕方がない。甘受するほかない。甘んじて受けるほかない。これは、いわゆる贖罪《しょくざい》行というやつだ。国民が犯した罪、汚《けが》れを払うために、やむを得んことである。そのために、自分が犠牲になっても、やむを得ん。甘受するほかない。そう度胸を据えて、分を尽くすということであります。

これが「身計」の最後の覚悟であります。

第三章

「家計」

◆恋愛結婚か見合結婚か

次に第三の計、「家計」に入ります。

人間は長じて家をなす。これは人生の本質的な大問題で、これだけでも委曲を尽くそうと思うと、まるまる一冊の本になってしまうので、ここでは少し微妙というか、最も深刻なところだけ触れることにしたい。いかに生くべきかの原理である生計、それからいかに身を立つべきか、世に処すべきか、志を立てるべきかという身計、そして次は、人間長じて家をなすという家計へと当然発展してくる。

家計の出発点は結婚という問題であります。この結婚というぐらい人間として本質的な、かつ人間あって以来変わらざる根本的なもの、人間として歴史的にこれぐらい経験を積んできたことはない。だから、この問題に関しては、人間は実に賢明になっておらなければならん。英知に富んでおらなければなりません。

ところが、どういうものか、依然として有史以来あんまり変わらぬ愚昧《ぐまい》と言っては少し言いすぎるが、よく分かっておらん。昔から人間が総じて経験してきた惑いというか、至らなさというものを繰り返しておるという憾《うら》みが最も切実に感じられる。そして、注意してみると、非常に上滑《うわすべ》りした考え方や議論が依然として多い。これが分かるだけでも、家計を取り上げる値打ちがあるわけだ。

今でもよく目に映る議論や記事は自由結婚、恋愛結婚の是か非か、媒酌結婚は是か非かという、自由恋愛結婚と媒酌結婚との長短の問題であります。これなど一応もっともである。一応もっともであるが、ほとんど愚論であります。あるいは、浮説である。ちょっと考えれば、恋愛結婚はだいたいみんな、特に若い人ほど賛成が多い。これは本人同士が自分の目で、自分の心で相手を選ぶのであるから、一番直截《ちょくせつ》で、その点からいうならいいことには相違ない。

それに比べると媒酌結婚というものは、縁もゆかりもなかった、会うたこともなかった者が第三者の媒介によって結ばれるというのだから、唐突なことで、いわゆる縁は異なものだ。まことに異なもので、考えればこれぐらい頼りないことはないということも、一応これは事実である。その点だけで言えば、恋愛結婚のほうが確かであると言える。

しかも、世間の媒酌人というものは、これがまた実にいい加減なもので、依然として今日になっても、媒酌人の言うことは、まず親の話から始まって、本人の経歴、美醜、才・不才というようなことだ。中には政略結婚以来ちっとも変わらん、親父《おやじ》やお袋の身分だとか、家柄だとか、財産だとか、そういうふうなことばかり列挙して、本人についても、どこの学校を出て、何ができるというようなことばかりで、それが釣り合えばまことに結構というようなことになるんだが……。

しかし、結婚というものは、一人と一人の男女が結ばれて、新しい家庭というものを創造する非常に本質的な問題である。そんな地位や家柄、身分、あるいは才能、学歴なんていうものよりはずっとこれは本質的、深い問題であって、そんなものがいくら列挙されたところで、実は大した中身ではないのです。けれども、依然としてそっちのほうが強く行われている。むしろ本人たちの実質的な問題が実に粗略になっておる。

私の体験によってもそうである。私自身はもう早く親たちが決めて、自分の自由意思というものは全然なしに済んだので、あまり言う資格はないけれど、しかし考えようによっては、だから言う資格があるとも言える。これがいわゆる相対性の理論というもので、自分でいろいろ経験し、自分の子供たちや、いろいろ親類縁者を見ておって、しばしば痛感するのですが、実に本質から離れた話し合いをしているのであります。

嫁をもらう時にも、まず親父やお袋の効能書きから始めて、

「もういいから本人はどうだ?」

と聞くと、本人は何やらの女学校を出て、何ができてというようなことを列挙する。たいていは外装、衣装だけだ。それはどうでもいい、もっと本人の実質の話を聞きたいと言うと、目をパチクリして、それはいったい何ですか、とキョトンとした顔をしている。実質とは何ぞやということである。「美人で」なんて言うけれど、美人はどうでもいい。美人だって油断も隙《すき》もならん。あるいは美人にかぎってあんまり気立ての良くないのが多いのが世の常で、美人というのは案外芸術の立場から言うとつまらない者が多い。美人、美男なんていうのはつまらん者が多い。それは、実在というものは内外の、つまり形式と内容との微妙な創造関係が大事で、外形が美しいのであれば、これに相応する内実、生命をもたんと、この美は生きてこない。外の美だけでは生きてこないのであります。

だから、たまたま目鼻だちが美しく生まれた人間が、その目鼻だちを生かせる、生動させるような精神的内容、あるいは生活内容をもつということは、これは非常に難しい。だから美人というのは邪美というもので、邪なる美になりやすい。これは男でも女でもそうですが、だいたいにして美男子というやつは、本当の、少しものの分かる女には嫌われる。つまり美男子というやつは、形にとらわれて、それに相応する内容、生命、修養をもたんからだ。女も同じことであって、それよりも芸術という立場から言うならば、むしろ醜が磨き出される、醜が転化する、ちょうどクレーブス教授のクエン酸サイクル理論（相対性理論）で、目鼻だちの変な、チンがくしゃみしたような、ブルドッグがあくびしたような顔をしてるのが、これを芸術的転換をやると、非常な魅力ある美になる。

昔の名僧知識というような人の顔を見てごらんなさい。美男子なんていうのは滅多におらん。それはもう変な顔をしとる。道元禅師《どうげんぜんじ》にしても、白隠《はくいん》禅師にしても、何とか和尚、何とか和尚というのを見てくると、みんな醜怪なる顔をしているのが多い。往々私はこれを引用するのだが、私の会うた名士の中で最も醜男《ぶおとこ》と思ったのは宇垣一成《うがきかずしげ》総督（一八六八～一九五六）である。彼は陸相だった。一つひとつ目鼻だちを見てくると、ようもこんな戯作を集めたもんだと思うほど不出来だ。ところが、本人と相対して話をしていると、言うに言えない魅力がある。あれなどは芸術的な人相だと、私はよく言うた。

女もその通りでありまして、不美人の魅力のあるというのは、これは浅はかな美人のとても及ばざるものなんで、それだから、後漢《ごかん》初期の隠士《いんし》である梁鴻《りょうこう》だとか、諸葛孔明《しょかつこうめい》なんていう達人たちはそういう女を選んだと思う。婦人たちは不器量で気の毒だけれども、必ず魅力のあった婦人に相違ない。そうでなければ、孔明先生ともあろう者が娶《めと》るわけがない。梁鴻の奥さんも名を孟光といって賢明な女であったが、それは不美人で有名であります。主人は梁鴻、すなわち梁伯鸞（生没年不詳）。孟光は器量が悪いんで貰《もら》い手がなかった。いつまでもお前を一人にしておくわけにいかんが、と親が嘆いておる。ある日、

「お前、どっかこれなら行ってもいいと思うところはないか」

と言うて、両親が聞いたら、

「私はせっかく結婚するなら、梁伯鸞先生のところへ行きたい」

と返事した。親父もお袋もびっくりである。

「先生は大変な人物で、お前のような面相では話にも何にもなるもんじゃない。何を言うか」

と言って呆《あき》れた。ところが、梁伯鸞先生はその娘・孟光をちゃんと貰った。それで、孟光さんは一躍、千年の歴史に名高い女になったわけであります。そういうことが非常に面白い心理であり、また人間の貴いところであります。

この娘さんはいったいどういう気立てか、どういうことができるか、というふうにだんだん聞いていく。それに対して、例えば、非常に情味のある人か、きれい好

きか、物事の整頓《せいとん》をよくやる人かというふうに具体的に聞いていくと、それに答えのできる仲人というのはまずない。

「さぁ、そんなことは……」

「そんなことじゃないんだ。そんなことが大事なんだ」

と言うと頭をかいておる。だから、世間の媒酌結婚というものは本当にこれはアテにならん。

しからば自由結婚、恋愛結婚というやつはアテになるのかというと、これがまたもっとアテにならない。だから、離婚は自由結婚、恋愛結婚のほうが多い。ことに近代、現代になるというと、人間が軽薄になり、刹那《せつな》主義になっておるから、余計にひどい。ニューヨークの数年前の調査で、結婚の非常に多く行われる教会のいくつかで調べてみると、離婚が一番多いのは三年目か五年目。どっちか忘れたが、五四パーセントという数字が出とるから、半分以上が離婚しとることになる。ところが、昨今は結婚式場が大流行《おおはや》りに流行っておるが、そのいくつかでの調査があるので、ちょっと瞥見《べっけん》したことがある。その調査によると、やっぱり離婚率が一番高いのは四十何パーセントになっておった。

恋愛結婚も年の四十、五十にもなってからなら、まだ大分話が分かるが、二十や三十の恋愛結婚だの、自由結婚だの、こんなアテにならんものはない。少なくとも四十過ぎなければ駄目である。ところが四十過ぎての恋愛結婚なんていうのは、これはなかなかない。天は二物を与えずといって、うまく行かんいろいろの障害がある。

偉そうなことを言っても、人間は四十にして惑わずという孔子の言葉の通り、やはり四十という声がかからんと安心ができん。信頼ができない。その頃になると、今度は責任というものが生じてくるから、恋愛をしたって、それはなかなか実行できないということになる。人間というのは考えようによっては矛盾から成り立っておる。あらゆる場合においてだ。

◈「良縁」と「悪縁」

だから真実を求めれば求めるほど話が難しくなる。そう簡単に解決のつくものではないのです。これは結婚話じゃなくて、就職話だけれども、ちょっと念頭に浮かんだのはリンカーンに関する物語である。リンカーン大統領の親友が大統領に自分の親しいある人を採用してくれるように頼んだ。ところが一向に実行してくれん。

そこで腹を立てて、その友達がリンカーンに、私が頼んだあれをどうして採用してくれんかと言うて詰め寄ったところが、

「いや、あの男は人相が気に入らん、面構《つら》えが気に入らん」

と、こう言ってきた。そこで、

「苟《いやしく》も大統領ともあろうものが、人相が気に入らん、面構えが気に入らんなんて言うて、人を採らんということはもってのほかだ」

と、さらに詰め寄ったところ、リンカーンは開き直って、

「そうじゃない。男は齢《よわい》四十になれば、己れの人相に責任がある」

と、はっきりとそう言った。これは非常に名言です。

子供の時は、これは変化の途中だが、人間四十ともなれば、三十にして立ち、四十にして惑わずの言葉通り、自分の内面生活ができあがっておるはずである。確かに年齢も四十にでもなれば、その人間の内実が、内的なものが表れて外貌《がいぼう》をつくるんだから、確かに人相に責任がある。リンカーンの言うことは正しい。したがって、これは大変興味深いリンカーンの逸話の一つになっておる。

しかし、もっと突っ込んで言えば、これとて問題である。もし、私が相手方だったら、リンカーンをつかまえて、

「ちょっと待ちたまえ。どうもあいつの面構えが気に入らんというが、あんたの目は確かかね」

と一つ突っ込みたいところだ。その人はそこまでよう肉薄しなかった。孔子でさえ、

「貌《ぼう》を以《もっ》て人をとる、これを子羽《しう》（孔子の弟子、澹台滅明《たんだいめつめい》。子羽は字《あざな》）に失す」（『史記』仲尼弟子《ちゅうじていし》列伝）

と言うて、人を見損のうたことを白状しておる。そうそうなかなか人間というものは分かるもんではない。いわんや少しできた人間となると、複雑な人相をしとるから、これはますますもって分からん。宇垣一成なんていうのは、よほどこっちの目が利いてこんと、鑑識できん人物です。だから、一応の理屈はそうだけれども、これとてなかなか難しい。

人間というものは、そこで縁というものが微妙な意味をもってくる。人生のことはすべて縁というものから始まる。縁起という言葉はそこで大事なんであります。縁起がいいとか、縁起が悪いとよく言われます。縁より起こる。仏教では特に縁起を重んずる。人生自然の作用によって、とにかく人間同士が結ばれた。その縁を大事にして、その縁からいろいろなことが起こる、また起こす。一応できたことを当

人同士で、これを良くもすれば、悪くもするのであって、問題は縁結びよりも、むしろその縁をまっとうしていくという縁起を尊《たっと》ぶことがより多く大事なのであって、結婚ということよりも、結婚後の家庭の営みということのほうがずっと大事な、本質的な問題であります。

「お前と俺とは悪縁だった」

というようなことを言うてみたって、これは始まらない。

同時に、今まで繰り返し言うてきましたように、クエン酸サイクル理論、これはすべてに通ずるサイクルであり、いわゆる相対性理論の円通理論、西田哲学などもこの一つであります。絶対矛盾の自己同一とか、まことにこなれの悪いことを言ってござるが、あれは儒書や仏書をひもとくと、もっと洗練された言葉でいくらでも説明されておる。そこで悪は善に通じるし、善は悪にすぐ転化するし、善悪というものは、これ円通のものなんだから、悪縁なら悪縁でこれを善縁に転ずるようにする。そうしないと、善縁はやがてすぐ悪果になっていく。そこで、結婚そのことよりも、いかに家を営むか、治めるか、斉《ととの》えるか、いわゆる斉家《せいか》という問題のほうが大事になってくるわけであります。

家ということになると、夫婦の道、これに伴うて親子の道ということになる。それで、家庭というものをはっきり覚悟しなければならん。認識だけでは駄目で、覚悟しなければ、つまり悟らなければならん。ところが、これについても、また実に誤解やら、浅見やらが多い。ことに現代などは甚だしいもので、男女が集まって営むところの家庭というものは、安息の場である、享楽の場であるというような考え方が大変多い。やっぱり家庭というものは、これは努力、創造の、クリエーションの場である。しかも、民族・国家の乱れは家庭から始まる。家庭の実相というものが、だんだん無内容になってくるということは、人間、民族、国家、世界として一番最初の頽廃《たいはい》の微妙な契機になるものであります。

ところが、たいていの家庭というものには、意識、無意識のうちに、いろいろと考察してみるというと、意外に欠陥が多い。これらについては、最近あちこちの、特に外国の大学、あるいは研究所などで非常に面白い調査をやっておる。そのレポートなどがいろいろあります。

家庭は団欒《だんらん》、したがって対話、会話というものが非常に内容をなすものだが、その立場から見ると、家庭にはいろいろのタイプがある。

例えば、批評型というのがある。家庭の者が集まると何だかんだと人の批評ばっかりする。親戚、交友から始まって、とにかくいわゆる世間話が人の批評となる。

集まれば家庭でその人の批評をして興ずるのである。その批評がだいたい悪口というのが非常に多い。集まるというと、あそこの嫁さんはどうだとか、あの親父はどうだとか、あの細君はこうだとか言い合い、これが子供たちに非常に悪影響を及ぼす。そういう批評型がある。

喧嘩《けんか》型もある。集まると、夫婦、親子、兄弟が喧嘩をする。テレビ一つ見るのにも、親父はこれを見ようと言うと、お袋はあれを見ようと言う。娘はこれだ、伜《せがれ》はどうだということで、テレビの番組を見ると、それで喧嘩がおっぱじまるというような喧嘩型であります。あるいは愚痴型という家庭もある。集まるというと、「お前、こうしなかった」とか、「あんたはこんなことをした」とか、伜に「あれでは困る」とか、お互いに愚痴をこぼすために集まっておるような家庭になる。いろいろ各家庭に型がある、タイプがある。それらはみんな落第点。及第点、優等の家庭というものは思いがけないほど少ない。現実のそういう家庭の在り方が子女の成長、教育に非常に影響するんであります。

◈子育て「いろはガルタ」

これらに関して、いろいろ実例を話しておると、興味津々《しんしん》でありますが、今はそんな時間もないので、たまたま、私がここへ来がけに、読んだ一冊の本を参考に話を進めていこうと思います。

福島の会津只見《ただみ》の人で、端書きを読みまするると、

「子どもは家庭で育てられ、学校で教えられ、地域社会で磨かれて成長すると思われる。特に問題をもつと思われる子の指導について、教育相談を行ってきた体験から考えられることは、問題の子の陰に問題の家庭があることが多いということである。また、子は親の鏡といわれるが、伸び伸びとした、素直な子を見ると、自然にその家庭の好ましい雰囲気が想像される。こうしたことをＰＴＡの成人教育の会合などにおいて、話題として提供し、家庭教育の確立を目指してきた。そうした話し合いの過程のなかで生まれてきたのが、家庭教育の合言葉としての、家庭教育いろはガルタである。今回この家庭教育いろはガルタに簡単な説明を加えて出版するように、文教図書出版社のお薦めがあって、ここにこれを出すことにした」

とあります。これでおおよそ故事来歴が分かる。

確かに家庭における会話・対話というものは、子供の成長・教育に非常な影響を及ぼします。この家庭教育を目指して作られた「いろはガルタ」ということです

が、この端書きも、いかにも通俗で、したがってくだけて、よくデリケートなところに触れて、面白い説述をされております。少し欲を言いますると、通俗に過ぎて、もう少し深みが欲しい、あるいは格調の高いものを欲しいが、そういう点はこれはあくまでも私の、いわゆる欲を言うているのであって、一応とにかく面白くできている。そして、大変有益である。

いろはガルタですから、「い」を見ると「いつも笑顔で一家団欒」とある。だいたいリズミカルに語調よくできておる。「ろ」は「炉辺談話の主役は子ども」、「は」は「話は互いによく聞いて」、「に」は「憎まれっ子ほどよく伸びる」。憎まれっ子は、それこそサイクル理論で、指導のしようによっては、案外できるかもしれない。前に触れた周処のエピソードでは、南山白額の虎と、川のすごい怪竜・蛟《みずち》と、それからあの小僧、すなわち周処とが村の三厄、三つの災いだと言われておったわけですが、晋《しん》の周処がそれから発奮して非常に偉くなった。これはいわゆる憎まれっ子の極まれるものが大変偉くなったという話で、この人の説によると、精神障害のある子は小学校時代の優等生が多いということが国立精神衛生研究所の話にあると注を入れております。

「ほ」は「褒め言葉が子どもを育てる」、これも確かに一応真理です。けれども、これもよほど考えてやらんと天狗《てんぐ》にする。だが、一応は確かにそうだ。「へ」は「隔てをつくるな上と下」、「と」は「どの子にもあるよいところ」、これはちょっと逃げておる。

「と」だから「ど」ではいかん。しかし、事実は確かに当たっておる。「ち」は「知育の前にまず愛育」、「り」は「理屈をいうよりやってみせ」、「ぬ」は「糠《ぬか》にクギと思わず、教え繰り返し」、これはちょっと語呂が悪い。「る」は「留守番も大事な一つのお勉強」。

「カギッ子の問題があります。この問題はこの頃の多くのお母さんたちを困らせている問題です。というのは最近世の中の景気がよくなってきた反面、人手不足が深刻になり、また物価もどんどん上がってきたために、働きに出るお母さん方が増えてきました。お母さんが働きに出ると、家庭は空っぽになるわけで、ここにカギッ子の問題が出てまいります。しかも、お母さん方が働きに出るというケースはだんだん増えてる傾向にありまして、ことに最近は一日全部を留守にしないまでも、パートタイムが一種の流行のようになって、家庭を留守にする機会が増えてきましたから、カギッ子の問題がいよいよ深刻になってまいりました。そこで子どもの側から見て、これを生かし、プラスにするためには、『留守番も勉強』という考えを親も持ち、子にも教えることが必要です。お留守番という役目は家庭をちゃんと守るということで、たしかに大切な仕事ですから、これは素晴らしい仕事の一つだということを子どもにしっかり認識させておくことが大事です」

と述べておられるが、確かに一つの的を射ておるが、さてしからば、留守番という仕事は大事な、素晴らしい仕事だと、いたいけな子供に知らせるのにはどうすればいいか。これはちょっとデリケートな問題であります。「留守番も大事な一つのお勉強」ということは当たったようで当たらんような、ちょっと問題であります。「わ」は「わがままは親の心の弱さから」、「か」は「考える子供とともに伸びる親」、「よ」は「よく聞いて、それから静かに説いていく」。いきなり頭ごなしにやらんで、子供の言うこともよく聞いて、それから静かに説いていく。「た」は「助け合い励まし合うのが親兄弟」、「れ」は「冷静に自分の態度を振り返る」、「そ」は「側にいるだけで落ちつく子の心」です。これは非常にデリケートな親切な格言です。子供はやっぱり親と一緒に居りたい。したがって、親が留守をする、ことに父親というものは外に出ることが使命なんだから、子供もよく分かっておるから、本能的にちゃんと理解するから問題はない。しかし、母というものが側にいないというのは、これはいつの世にも、今になっても、大問題。側にいるだけで、確かに子供は落ち着くのです。この間も私は書斎におったら、孫の母が、小学校一年生の男の子の母親が、つまり私のところの嫁がどこかへ出かけていない。「お母さんは？」と言うから、「お出かけ」と言ったら、「ちぇっ」って言って、「頭に来ちゃう」と、こんなことを言っている。私は書斎におって聞こえるんで、やっとるなと思って、苦笑いをしましたが、これはどこの子供も幼いほどそうだと思う。これは微妙な、そして大切な問題です。

「つ」は「使い方、工夫をさせておこずかい」。どうもこの新仮名というのは嫌なものです。「す」に点を打ってある。小遣いを「つかう」というんだから「こづかい」という時には「つ」に点を打たなければウソである。つまらんことを文部省の委員会でやったもので、甲論乙駁《こうろんおつばく》、今やかましい問題になっているが、だいたいあれはいけないということのほうが大勢《たいせい》を占めてきたようです。これに決定的な判断を下したのがコンピュータであります。コンピュータを使うのに、新仮名遣いと歴史的仮名遣いとを調べてみると、コンピュータ先生ははっきりと旧仮名であります。それは旧仮名のほうが理屈に合うとるから。コンピュータは機械ですから、合理的であります。だから旧仮名のほうが能率が上がる。

「ね」は「寝ていて子を起こすな」と言う。自分が寝ていて、子を起こすということはいかんと言う。「な」は「泣いている子を温かく見守って」、「ら」は「楽ばかりさせれば子どもを弱くする」、これは当たっておる。「む」は「蒸し返す小言は少しも効き目なし」。綸言《りんげん》汗の如し、人間の一言というものが非常に大事なものだ。あれは蒸し返すほど駄目になる。

「う」は「後ろ姿を子どもは見てる」と、これもなかなか面白い。人間の後ろ姿というものは大変大事だ。人相、形相学から言って、後ろ姿というのは大変大事なのなんです。ということは、ちゃんと古人が教えておる。『孟子《もうし》』に「面に見《あらわ》れ、背に盎《あふ》る」という言葉がある。面に表れるのは、これはもう誰でも分かるが、背に溢《はい》るとはどういうことか。背というのは非常に大事なものでして、例えば健康な時には非常にやはり背に活気があるんです。背が淋《さび》しくなると、これは必ず健康が悪い。人間の運勢が衰えると、やはり背に表れる。「後ろ姿が淋しい」なんていうのは穏やかでない。これは何か必ずマイナスがある。

よく言うでしょう。別れて、振り返ってみた時に、トボトボと行くその姿を見て、あいつ後ろ姿が淋しいが、あれは死ぬんじゃないかとか、駄目なんじゃないかという。背というものは、これはいわゆる後ろで目が届かんから、修飾ができない。面はまだ化粧したり、あるいはいろいろと繕うことができるので、凡眼を欺《あざむ》くことはできる。達人の目はどうもならんが、凡眼は欺ける。背はこれどうにもならん。「背に盍る」ということは大変意味がある。

子どもは後ろ姿、子どもというのは直観的ですから、「後ろ姿を子どもは見てる」と、これはいい、このカルタの中の傑作の一つだ。

それから「の」は「のびのびとした子は仲良き夫婦から」。これ伸びすぎたら困るが、一応もっとも。「お」は「親の座崩れて子はぐれる」、これも切実である。「く」は「工夫して生み出す親と子の時間」、「や」は「約束を破る親には子が背《そむ》く」、これも適切である。「ま」は「回り道する子をじっと待ってやり」。子は回り道をするものだという気持ちが大事です。これにはいろいろ議論もあろうが、一応その通りである。

「け」は「喧嘩しながら子は育つ」。「ふ」は「双葉の中にある個性」、「こ」は「声をかけよう隣の子にも」、「え」は「栄養も過ぎて苦しむ肥満体」、これは一応皆さんにはいろいろ議論があるでしょう。肥満体は果たして栄養が過ぎるのかどうか。これは問題として、しばらく置いて、「て」は「できることから励まして」、「あ」は「挨拶は家庭の躾《しつけ》の第一歩」、これもいいことです。「あの野郎は挨拶もろくにできん」というが、挨拶ということは非常に大事なことです。人間生活、あるいは俗に言う人間形成の非常にデリケートな問題である。「挨拶」なんていう言葉、これ非常な通俗用語ですけれど、実は大変な専門用語なのであります。日本語にいろいろ特徴があるんですが、その特徴の一つに、難しい専門用語を日本の民衆が実によく使いこなして、そして跡もとどめぬまでに洗練しておる、ということがある。

この挨拶なんていうこともそうです。これは非常な専門用語で、日本は特に封建時代、徳川時代に儒教、仏教、国学、あるいは道教と、東洋のいろいろの教えが実に豊かに採り入れられて、しかもそれが見事に咀嚼《そしゃく》されて、それが、民衆生活やその用語のなかに実によく生かされておる。これはちょっと世界のどの国にもない美点の一つです。日本の町人ぐらい難しい専門用語をさりとは知らずに使いこなしておるものはない。こんな言葉はほんとによその国にはないようです。

「挨拶」と、だいたいこの頃の人に書いてごらんといって書ける若者は滅多にないでしょう。よく日常使う言葉だから書けるとして、しからば「挨」というのはどういう意味か、「拶」というのはどういう意味かと言われたら、ちょっと返答できんでしょう。これは非常に難しいことなんです。「挨」とか「拶」とか、これ両方とも同じような意味ですが、これはものにピタリと撞着《どうちゃく》することを言うんです。ピタリと対応することを言うんです。だから、何か言うた時にピシッと返事する、痛いところをピシッと言い当てる、返事することを「一拶」を与えるというようなことを言う。「一挨」でもいいんです。

例えば剣道の試合をして、ピシッとお面一本入る。こういうのは「一拶」です。それがズレるようなことではいかん。ピシッと決まらなきゃならない。そこで人と対話をする時に、相手の「あっ、痛い」というようにピシッと行くことを挨拶と言う。だから「ご挨拶痛み入ります」というのはピシャッとやられたということなんだ。ところが、なかなか痛み入るような挨拶はしないで、とぼけたような、剣で言うなら、流れたような太刀、そういう会話が案外多い。あれはじれったいものだ。会話がうまく合わんというのは本当にじれったい。

挨拶とか、あるいは会釈《えしゃく》とか、仁義だとか、最も通俗な言葉で言えば元気という言葉がある。元気というのは、これは易《えき》の専門用語で、摩訶《まか》というのと同じことで、非常に複雑な意味がある。さりとは知らず、そんな専門的な問題の痕跡《こんせき》もとどめずに、みんな「元気」という言葉を使っておるが、それがだんだん普及するうちに、元気の本当の意味はどっかへ行ってしまった。そういう例がたくさんありまず。挨拶は家庭の躾の確かに第一歩でありまして、挨拶もできんということは、これは人間ができていないということなんですから。挨拶の仕方というのは、家庭での非常にデリケートな、いわゆる良い躾の一つである。「さ」は「最後までやり抜く姿勢を育てよう」、「き」は「厳しく教え温かく育てる」、「ゆ」は「譲り合う心の芽生《めば》えは家庭から」、「め」は「目が語る千万言の親の愛」、「み」は「認めれば一人ひとりが生きてくる」、「し」は「叱《しか》られてばかりいる子は育たない」、「ひ」は「非行児は家庭に対する不信から」、「も」は「もしもしと電話のかけ方躾の一つ」。これは大分窮した。もっといいカルタにするところが、「も」ならいくらでもあると思う。「もしもしと電話のかけ方」も躾の一つには相違ないが、どうもよっぽど窮したものと見える。「せ」は「整理整頓《せいとん》幼児から」、「す」は「するな子の前夫婦の喧嘩」、これはまったく賛成である。このカルタにはいろいろとやさしい解説がついてあるんですが、こういうことは誰でもやってごらんになると、大変有益なことであります。

◆「父母憲章」と「敬」

そこで、大事なことは夫婦であります。夫婦はやがて親になります。そこで、私はここにまず「父母憲章」というもの、それから生まれる「児童憲章」というものを二つつくっておきましたので、これを読みながら説明していこうと考えます。

「父母憲章」

一　父母はその子供のおのずからなる敬愛の的であることを本義とする。

二　家庭は人間教育の素地である。子供の正しい徳性とよい習慣を養うことが、学校に入れる前の大切な問題である。

三　父母はその子供の為に、学校に限らず、良き師・良き友を択《えら》んで、これに就けることを心掛けねばならぬ。

四　父母は随時祖宗の祭を行い、子供に永遠の生命に参ずることを知らせる心掛けが大切である。

五　父母は物質的・功利的な欲望や成功の話に過度の関心を示さず、親戚交友の陰口を慎み、淡々として、専《もっぱ》ら平和と勤勉の家風を作らねばならぬ。

六　父母は子供の持つ諸種の能力に注意し、特にその隠れた特質を発見し、啓発することに努めねばならぬ。

七　人世万事、喜怒哀楽の中に存する。父母は常に家庭に在って最も感情の陶冶《とうや》を重んぜねばならぬ。

今まで家庭という時に、共通した長い、久しい欠陥の一つは「愛」が専ら説かれて、「敬」ということがなくなってきておるということです。子供というものは、本能的に分けて言うならば母に愛・慈愛、父に権威・尊敬・敬慕、こういう念を本能的にもっておるものである。

私はよく言うのですが、人間と単なる動物とを区別する最も根源的なボーダーライン、境界の大事なものは何か。これを失《な》くすれば、人間は人間の形をした獣になってしまう。これあるによって、人間が万物の霊長であるという境界を成す大事なものは何かというと、それは「敬」と「恥」であります。愛ではない。愛というものは、これは発達した動物になるとある程度もっている。特に高等動物となると十分に認められる。人間に根本的に大切なものは愛よりもむしろ「敬」と「恥」、この二つであって、これを失うと、人間はあきらかに動物並になる。人間という獣になる。しかも他の動物がもっておらぬ知識だの才能だのといういろいろなものをもっているから、これはどうも難物になる。

その獣類から人間を進歩せしめた造化の秘密とは何か。造化が長い間かかって努力して、天地の心を立つ。天地が長い幾億年もの造化の苦労を積んで、ようやく人間というものを創造した。内面的に言うならば、心霊の世界というものを開いた。つまり平たく言うならば、心を立てた。天地のために心を立つ、あるいは天地心を立つを成す。その心の最も人間的なもの、他の動物と違うキーポイントは「敬」と「恥」であります。

「敬」するということは、自ら敬し、人を敬するということ。敬という心はより高きもの、より大いなるもの、偉大なるものに対して生ずる。つまり人間が進歩向上の心をもっておることだ。その人間が本具しておる進歩向上の徳によって、人間は自ずから、進歩向上の対象を創造する。創ることに対して、敬という心が生ずるのである。だから、進歩向上する人は、必ず偉大なる目標に向かって進まんとする。その進歩向上せしめる的になる者に対して、われわれは敬の心を生ずる。敬するということを分からない者には進歩がない、向上がない。

『論語』にもあります。

「子游《しゆう》、孝を問う。子の曰く、今の孝は是《こ》れ能《よ》く養うを謂《い》う。犬馬に至るまで皆能く養うことあり。敬せずんば何を以てか別《わか》たん」

と。ただの愛だけでは動物でもあるもので、敬が生じなければいかんと力説しておる。カントの道徳哲学というものは言い換えれば、「敬の哲学」と言うてよろしい。カントにしても、フィヒテにしてもそれは言える。この敬とそして恥、敬することと恥ずることが、一番人間の基本的、根源的な徳であります。敬することによって向上がある。恥ずることによって規律、自ら律するという規律というものがある。この敬するということを建前《たてまえ》とすれば、これが展開するとやがて信仰・宗教というものが発達し、恥ずるという内省的なものが建前となると、道徳というものになっていく。

となれば、宗教と道徳とはもともと一体のものであって、建前が違うだけのものである。宗教という時には敬が主になって、つまり表に立って、恥ずるという道徳はその中に含まれる。道徳という時には恥ずることから生ずるところのいろいろの規律というものが表に立って、敬するという宗教のほうが中に入る。もともと一体のものの表現の相違にすぎないんで、宗教と道徳とを截然《せつぜん》と二つに分けるという考え方は概念の遊戯であります。

これらのことが日本語には実によく表現され、しかも使いこなされておる。まさに日本語の特徴の一つである。敬するということは、すなわち偉大なる目標をもつ、進歩向上の目標をもつということですから、そこで敬することを知ると、その敬の対象に近づこうとする。できるならば、それに親しみ、一つになろうとする。

そこで敬する、敬《うやま》うということを日本語で「参る」という。神に参る、仏に参る。これがだんだん普遍化して、「父の家に参ります」という具合になった。やがて「何々して参ります」とも使われるようになった。非常にいい言葉であります。

西洋で男女が愛する。ラブとか、リーベンとかいう言葉がたくさんありますが、日本では「参る」というのです。西洋の「愛する」という言葉の中には、敬がない。日本語は愛することを参るという。例えば「俺はあの女に参った」と言う。これは女を愛することよりも、もっと進んで、あの女は偉いと、自分は頭が下がるということなんです。だから「愛してる」なんて言うのでは駄目で、「参った」と言わなければ本当の愛ではない。ことに女が男に参ったというより、男が女に参ったというのが面白い。面白いと言うてはおかしいが、味が深い。だから、結婚も、愛しているからと言うぐらいの結婚では、これは動物的であって駄目なんである。双方が相討って、「参った」ということになって初めて本当の結婚が成り立つわけなんであります。

それは、まだいいが、日本語でもっと感服するのは、勝負をして負けた時に「参った」と言うことです。これは絶対に他の国にない。日本語独特の値打ちのある言葉です。たいてい勝負をして負けたら、悔しい。憤慨、自嘲《じちょう》、いろいろそういう嚙《か》んで吐き出すような言葉が多い。一番下劣なのは「クソッ」とか、「畜生」とか何とか言う。失敗をし、相手に負けたら「クソッ」とか、「畜生」なんて言うやつはだいたい駄目だと思っていい。ところが日本人は「参った」と言う。参ったと言うことは、負けた相手を偉いと認識、感服することです。これはいい言葉です。

この頃の思想家とか、評論家、ことに進歩的文化人なんていうのは、こういうことが一つも分かっていない。敬すれば参る。参るという以上はどうしてもなるべく側へ近づきたい。いわゆる親しみたい。側に行って何でも務めたい。いわゆる灑掃《さいそう》でも承りたい。これを侍《はべ》る、侍《じ》すると言う。「はべる」あるいは「はんべる」。参れば侍りたい。そして、単に側へ近づき、共に暮らしたいばかりでなく、もう本当に参るというと、何もかも要らなくなる、すべてを捧《ささ》げたくなる。それを「祭る」という。侍るとか、祭らうとか、日本人は何かというと「仕《つかまつ》る」「奉《たてまつ》る」とみんな「まつる」と表現する。漢字でもその意味をよく表しております。

例えば、最も典型的なものは「祭《さい》」という文字。これは食うもののない原始人が命を支える大事な肉（月）を右手（又）でもって、神に自分の命の糧を奉るという意味である。「示」は神棚で、神を示します。祭祀《さいし》とよく言うが、「祀」という字は祠《ほこら》という字と同じ意味で、その人が亡くなっても、亡き人にいますが如《ごと》く仕えることを言う。これは東洋道徳精神というか、東洋の人間精神の非常に本質的なものであります。

「侍る」に対応する言葉は「侍ふ《さぶら》」「候ふ《さぶら》」ということである。こういう敬の道徳に徹して生きようとした階級が、つまり「武士」であります。だから武士のことを「侍《さむらい》」と言う。侍とは敬する者に参って、それに侍《はべ》り、侍《さぶら》い奉ると言うことである。一命を捧げて、それに近侍していくという道、それがすなわち「武士道」であります。侍とはそういう心、道を本体とした階級であります。

そこで、武士道とはいろいろの理屈を抜きにして、本能的に庶民はこれを敬し、未《いま》だに人はこれを懐かしむ、あるいは好むのであります。妙なイデオロギーにとらえられた人間は、これは論外であります。そんなものに毒されておらない純真な子供は、侍が好きです。チャンバラ劇だから面白いんだろうというような、そんなものじゃない。もっと子供の心というものは純真である。真《まこと》である。子供はみんな侍が好き。第一に子供に聞くと、「カッコいい」と言う。カッコいいということは、やっぱり彼らに敬を催させるものがあるということでしょう。

戦後のことでありますが、どちらかといえばキリスト教系の東京女子大学で、妙なイデオロギーが流行した時に、どういう映画を好んで見るかという調査をしたことがある。その調査の一部分を聞かされて、非常に興味を覚えたことがある。たいていのことはもう忘れてしまったが、その中に、いろいろのことが書いてあったそうですが、何人かがチャンバラ劇、武士道ものと書いた者があったそうだ。それが茶話《さわ》に出て、その書いた一人が、

「あんたたちは、お侍の映画、本当に嫌いなの?」

と聞いてみたら、

「大好きだ」

というのが大部分だったと言うんです。みんな好きなんです。そんならなぜ書かないかというと、封建的と見られたり言われたら恥ずかしいから書かなかったと告白したそうです。つまり世間体というものを考えて、本心を偽って、ウソの報告をしとるわけです。真実はみんな好きなんです。子供はそんな複雑な心理をもたないから、世間なんて考えないから、一斉にみんな侍ものが好きだとはっきり言う。

ところがこの頃、映画がテレビによってとって代わられて、「義経」だとか、「謙信」だとかいうのが流行してくる。しかも、その謙信を満輝という歌舞伎の子役がやるようになって、もうテレビを見る子供たちが、日本の子供たちがみんな謙信少年、景虎少年が好きになった。

その主役を演じた満輝という子供が中村時蔵の孫で、また実によくできた子供だそうであります。時蔵の未亡人、つまりお祖母さんがびしびし歌舞伎役者の跡をとらそうと思って仕込んだ。たいていこの頃の子供だから嫌がるはずなんですが、あの子は喜んで、実にきびきびと服して、努力する。将来名優になるだろうといって、大変嘱望されておる。楽屋に帰ってきても、他の役者は舞台で働くと、もう楽屋へ入ると大アグラかいたり、寝そべったり、だらしのないもんだそうですが、あの子供だけはきちんと正座して、姿を崩さんそうだ。

お守役をしている新平というのがおるが、どちらかと言うと、少し左がかった人物だそうですが、その彼でさえ、

「あの子は舞台、映画の上だけではなく、プライベートの生活でも主従となって仕えたいような気がする子供です」

と言った。これが非常な感動を与えている。どっちかと言えば、横着な、少し崩れたのが役者などの常でありますが、左翼的だったその俳優でさえやっぱり民族、人間の血はどうしようもない。そういう本当の体験をすると、あの子に自分が家来になって、主従となって仕えたいという気がしてくるのであります。それを率直に告白した。この人間に「参りたい」と。そうすれば、侍りたい、仕えたい、すべて

を捧げたいという気持ちになる。これこそ人間自然の徳であります。

◆失《う》せてゆく家庭と父たち

だから、敬というものが大事なんで、子供はもう純真であるから、本能的に敬の心をもつ。愛は動物の昔から、もとより本能的に備えている。だから「敬愛」でなければいかん。あるいは「愛敬」でなければいかんのであります。これを切り離すといけません。家庭では、子供は自ずから父に敬を抱き、また敬を求める。そして母を愛の対象としておる。それなのに、昨今の児童研究、児童教育学、あるいは社会学、心理学、いろいろの方面からの家庭問題についての議論はきわめてナンセンスである。家庭と言うと、専らこれは安息所で母の座、母が大事である、子供を育てるのはすべて母・愛だと言う。古来から英雄、偉人の母はみんな偉かったと、親父は抜きになってしまっとるんです。家庭の居候みたいになって、高等居候的立場にある。親父どももまた家庭というものは、家族の安息所、休憩所のように考えている。そして、家庭へ帰るというと、おおよそ不敬だ、自ら不敬の存在になってきたわけであります。

この点は階級を問わん。労働組合の会でしばしば話題になった。これは大変面白いことだと思うのだが、組合会議で演説、討論でもやる時には、みんなイデオロギーで、主義者である。ところが、彼らが別室に帰って、茶話会、懇親会になると、みんなだらしのない自由主義者で、マルクス・レーニン主義なんかどっかへ行ってしまって、もうみんなわがままリベラリスト。そのうえ、彼らは家へ帰ると、猛烈な封建的暴君である。彼らがそう告白するんです。だから変なもんですと、みんながみんな自分で侮《あなど》っておるんだ。つまり自分で自分を敬しとらん。

程度の差こそあれ、世の男ども、親父どもは、だいたい家庭は安息所と心得て、家へ帰ったら、どうも暴君ぶりというよりは、だらしのないところを見せる。安心して、うち寛《くつろ》ぐ。うち寛ぐのはいいけれども、うち崩れてはいかん。

子供のほうは幼いほど、親父を敬の対象としているわけだ。それだから、子供は親父の大きな帽子をかぶったり、大きな親父の靴を引きずって歩いたりする。これを目のない、心のないお母さんたちは可愛いいたずらだと思っている。大きな間違いであります。ユーモラスにのみこれを見て、指を差してワーワー笑って、言わば可愛がる。子供は何もおどけてやっとるんじゃない。子供ながらに、親父の帽子をかぶり、親父の靴を履いて、親父たらんとしておるんです。だからよく似合うとか、何とか褒めてやればいいものを、この子供はもうユーモラスだとか、おどけてるとか、何とか批評をする。あるいは愛護かもしらんが、こういう愛護は無知の愛護というものである。だから、日本の子供でも、この頃よく要求するそうです。景虎のような着物を着せろとか、袴《はかま》を穿《は》かせろとよく言うそうです。確かに子供に袴を穿かせてやると、シャーンとします。また、袴というものは実にいいもんで、褌《ふんどし》を締めて、袴をきりっと締めると体が決まる。この頃、だからまた褌が流行っているそうだ。デパートに褌を売ってるそうだ。一時はみんなサルマタということも言わなくなってパンツとなったが、褌も褌とは書いてないそうだ。褌と書いたのでは買ってくれん。女たちは嫌がるのかしらないが、クラシックパンツと言うらしい。ここに現代日本の悲劇というのか、滑稽《こっけい》というのか、堕落というものがある。ともかく精神的に堕落しとるということは、こういう些事《さじ》でも分かる。だから、まことに荷が重いけれども、親父というものは、これはやはり家庭にあって、自ずから敬の対象でなければならん。子供が接して、自ずから敬する親父にならんといかん。

「レーデン・アンディ・ドイッチェ・ナシオン（Reden an die deutsche Nation）」、つまり「ドイツ国民に告ぐ」という大講演でフィヒテがやはり「敬」の大切さを説いておる。「愛する」ということばかり言っておってはいかん。家庭で大事なのは父の敬である。「父子の間の敬である」ということを言うておるが、これはもう東洋では、古来通説、自明の理《り》であります。分業すれば、父の敬、母の愛。そこで不幸にして一方が欠けると、面倒である。その場合には、父が敬と愛の両方の対象にならなければいかん。逆に母が父を兼ねなければならんというのは、母にとっては大変な重荷だ。非常に難しいことだけれども、これは大事なことであります。

いずれにしても、子供の「敬」の対象である父の存在は健全な家庭の欠くべからざる要《かなめ》であります。そのためには、言葉とか鞭《むち》で子供に対して要求したり説教したりする前に、父自身が子供から「敬」の対象たるにふさわしい存在たることが肝腎です。父の存在そのものが、子供に本能的に敬意を抱かしめる、彼の本能を満足させる存在であること、それが父たるもののオーソリティであります。だから、父の存在、父の言動そのものが子供を知らず知らずに教化する。簡単に言えば、父の存在・父の姿・行動が子供が本能的に真似《まね》するものでなければならぬ。

そうなれば、父たるものは子供の前で大胡座《おおあぐら》をかいて、下品な言葉で怒鳴ったりするようなことが一番いけない。本当は子供が起きた時には、父親がもうちゃんと起きて正座しておるとか、親父の前へ出たら、子供は自ずからにして姿・形を正す。父の言葉が自ずから子供を服せしむるという風でなければいかん。しかるに、そんなことは封建的でいかんとか何とかくだらない低級な理屈をつけて、一緒にふざけたり怒鳴ったりすることが人間的進歩的であるふうに考えたこれまでの習慣は大変な間違いであったと言わなければなりません。

それなら二六時中、親父はしゃちこばっていなければならぬといけないかと言うと、そんなものじゃない。その中に春風駘蕩《しゅんぷうたいとう》たるところも、ユーモアもあるわけです。

細川幽斎（一五三四〜一六一〇）はその晩年、伜《せがれ》の忠興（一五六四〜一六四五）が来た時は、まったく寛いでくだけた態度で応対したが、六丸という幼い孫が来た時は、ちゃんと姿勢を正して慇懃《いんぎん》に会った。家老が、

「ご当主に対してはあんなにくだけてご引見なさるのに、お孫さんにはどうしてそんなに形を改めてお会いになりますか」

と聞くと、幽斎は、

「もう伜はできてしまったものだから、それでよい。孫はこれからものになるのじゃから、こちらも敬して会わねばいかんのだ」

と言ったので、家老が感服したという話があります。

近衛文麿《このえふみまろ》（一八九一〜一九四五）さんがまだ大学生時代、西園寺公望《さいおんじきんもち》（一八四九〜一九四〇）さんに呼ばれて、おっかなびっくり伺候《しこう》すると、父親ほども大先輩の西園寺さんは態度を改めて「公爵、公爵」と敬称を使われた。まだ若くて、できておらぬ近衛さんにしてみれば、何となく甚だくすぐったくて、「私に公爵、公爵なんて、そんなしかつめらしいことを言わんでください」と言ったところが、西園寺さんは、「いや、そうではありません。貴方は大切なんだから当然です」との返事だったという。そして後で側近の者に、

「近衛さんはあれじゃから困る。わしが公爵、公爵と言っているのは何も皮肉やからかいから言っておるのではない。立派な公爵になってほしいと思うから礼を正しておるのに、それが分からんかのう」

と嘆かれたという。そういうところが西園寺さんと近衛さんと違うところで、それだけ西園寺さんは教養が深かった、心境ができておった。近衛さんにはそれだけの教養や心境がなかったのであります。

現代はもっとひどい。英国の貴族がそうだ。この頃の若いイギリスの貴族は称号だけは残っても、凡物愚物が多く、昔の貴族がもっておったような、いわゆる the authority、品威というものを放棄した者ばかりで、無気力な問題を頻発させてお

ります。アメリカでもそうです。社会的・経済的・文明的、あらゆる面の変遷から vanishing family（失《う》せてゆく家庭）が増えてゆきつつあります。

◆「立派な女房」論

家庭は人間教育の素地である。家庭教育から教育は始まる。ただし、この場合、知識、技術というようなことは、これはだんだん後になって開けていくので、まず根本的に子供の正しい特性と良い習慣を養うことが学校に入れる前の大事な問題である。大切な問題であります。それを明治以来、教育とは学校に入れることであると錯覚したことから、民族の堕落というものが始まった。このことがよく行われれば、少年の非行、犯罪もほとんどなくなることは各国において実証されておる。父母はその子供のために、学校に限らず、良き師、良き友を選んで、これに就けることを心掛けねばならん。

それから、家庭というのはつまり祖先以来の歴史、伝統、生命の座であります。つまり永遠の座と言ってもおかしくない。だから父母は随時に祖宗の祭を行い、子供に永遠の生命に参ずることを知らせる心掛けが大事である。仏壇とか神棚というものをそれぞれの信仰、宗旨に応じて、これは必ず備えて、そしてまず祖宗を守って、時々に礼拝・供養することを教えるということが大切です。偶像崇拝なんて言って退ける者があるが、これは思わざるの甚だしきもので、浅薄な考えである。そうではなく、これは永遠の生命に参ぜしむる所以《ゆえん》である。理屈から入らずに、まず実践から入る。非常に大切なことです。

そしてまた、父母は物質的、功利的な欲望や成功の話に関心をあまり示してはいけない。その言動を見て育つ子供は当然ながら功利的になる。功利的になると卑しくなる。だんだん本当のことが分からなくなり、卑屈になる。さらに父母は親戚や交友の陰口をあまり言い合ってはいかん。淡々として、もっぱら平和と勤勉の家風を作り上げる心掛けが肝腎であります。これについて、封建的遺習と言いますが、封建制度も良い点と悪い点とがある。悪いほうの遺習で言えば、誰それは大臣になった、偉いとか、誰それはこの頃、偉い景気がいい、大儲《おおもう》けをしたとか、そういう功利的な欲望や成功の話に過度の関心を示すということ、これは良くない。淡々として、光明である、平和である、勤勉であるという家風を作らなければならん。

親父が何かの地位にでも就いたとか、都会議員の何やらの委員長になったなどというと、この間まで「おめえが」「おらが」と言っておった町の夫婦が、たまたま議員さんにでもなって、ある地位に就いたなんていうと、いわんや代議士になって、大臣にでもなったというと、途端に女房からして態度を変える。「お父さん偉くなった」というようなことで態度が一変する。その代わり今度は浪人をすると、またたちまち態度を変じて亭主を軽蔑《けいべつ》する。これが一番いけないことだ。私の親友に非常に気骨があったのはいいのだけれど、気骨がちょっと女性的で拗《す》ねる欠点があった。知事までやった人ですが、知事になる時に次官と喧嘩をして、辞表を叩《たた》きつけて、家へ帰ってきた。この奥さんというのは、非常な財界の名士の娘さん。玄関に迎えに出た時に、この夫婦は非常に仲が悪くて、いつも喧嘩ばかりしておる。

その彼が「俺は今日、次官と喧嘩して辞表を叩きつけてきたよ」と言った途端に、その細君が「言わんこっちゃない。だから私はあんたは偏屈でいかんとしょっちゅう言ってるんだ」とやり返し、「これからどうするんです？」と言ったというんだ。それで彼は気の短いやつなもんだから、ピシャと一拳食らわしてやったという。この時ぐらい俺は結婚を誤ったと思ったことはないと、私に告白しておったが、とうとう本当に別れてしまった。子供も幾人もあったのに。

この正反対の話がある。これは内大臣をした湯浅倉平という、非常に立派な人です。奥さんももちろん立派である。湯浅さんは悠々迫らずというのか、非常に温厚な風格のある人でもありました。この人もやっぱり辞表を叩きつけてその座を降りた。玄関に出迎えた夫人に「わしは今日辞表を出してきたよ」と言って、さすがにむっつりして上がりかけたら、途端に奥さんが「ああ、よかったですね。これでまたお好きな釣りができますねぇ」と言われた。これに、その倉平先生、非常に感動して、「ああ、女房は立派な女だ」と思ったという。これは同じ事実でも正反対のことです。これが非常に大事なことなんです。これこそ先にも触れた良い意味の「佞《ねい》」ということである。一方は不佞であり、一方は本当の意味の、いい意味の「佞」、いわゆる挨拶がいい、心掛けがいいのである。「父母憲章」では、「父母は子供の持つ諸種の能力に注意し、特にその隠れた特質を発見し、啓発することに努めねばならない」

ことも挙げましたが、これは当然な心得であります。

「人世万事、喜怒哀楽の中に存する」

これは王陽明の名言であります。

「父母は常に家庭に在って最も感情の陶冶を重んぜねばならぬ」

理論、イデオロギー、あるいは信仰、題目、いろいろあるが、卑近に言ってわれわれの生活、人間の生活というものは喜怒哀楽の中にある。常に何事によらず、いかに喜び、いかに怒り、いかに悲しみ、いかに楽しむかということの中にある。われわれがいかに日常、この喜怒哀楽するかという、この感情、情緒、情操の陶冶、これが家庭運営においても大変に大事なことであります。

◆児童の素質と能力

私は「父母憲章」と同時に「児童憲章」をも掲げてみました。

「児童憲章」

一　人間進化の機微は胎児に存する。胎児はまず最も慎重に保育されねばならぬ。

二　児童は人生の曙《あけぼの》である。清く、明るく、健《すこ》やかなるを尚《たっと》ぶ。

三　児童に内在する素質、能力は測り知れぬものがある。夙《はや》くより啓発と善導を要する。

四　習慣は肉体となり、本能となる生きた主義理論であり、生活は習慣の作品である。良い習慣を身に着けること即《すなわ》ち躾《しつけ》は児童の為に最も大切である。

五　言葉と文字は人間文化の血脈である。児童はなるべく早くから、民族の正しい言葉と文字を学ばねばならぬ。その学習能力を児童は大人よりも純粋鋭敏に本具しているものである。出来れば一、二の外国語を修得することも望ましく、それは又十分可能なことである。

六　児童は祖国の歴史伝統に基づく勝れた文学・芸術や、世界と宇宙の限りない感興に誘《いざな》う諸々の作品の裡《うち》に養われねばならぬ。

七　いかなる艱難《かんなん》辛苦も、輔導宜《ほどうよろ》しきを得れば、児童にとって却《かえ》って大成の試金石となるものである。

親は当然、子をもたなければならない。今日のような一夫婦一所帯が四人を割る、つまり父母から子供が二人はできないというのでは、これはいかんので、もっと子供を生まなければ、民族は栄えない。のみならず、そういう栄枯盛衰よりも何よりも前に、生物、人類進化の鍵《かぎ》というものは、これは胎児にある。「人間進化の機微は胎児に存する」というように、最も進歩したオランウータンとか、チンパンジーとかいうような親ザル、こいつはよく人間に似ておるというけれども、そうじゃない。本当に人間に似てるのは親ザルではなく胎児なんです。ああいう高等猿類の胎児は、本当に人間そっくりです。例えば、顔面角なども、親ザルになると、鋭角になるが、人間のように真っ直ぐに近い。眼窩《がんか》などもあんなに窪《くぼ》んでおらない。皮膚もあんまり毛がなくて、そして白い。ああいう高等猿類の胎児はまったく人間と似ていて、むしろ成長すると、人間から離れていく。これは人間とサルとの関係ばかりじゃない。生物進化の学者が研究して、これを解明しておる。

その発端はオランダのエル・ボルクという有名な生理学者であり、医者である人が、これを解剖して発見して、学界の非常なる問題になった。動物進化の跡を辿《たど》ってみると、胎児からみな分かれておる。成熟してからじゃない。だから、長い目で見ると、つまり一個人をとらないで、その家族、民族、人類という長期観測をすると、大切なことは、ある人間がいかに偉くなるか、ある個人がいかに偉くなるかということではない。その胎児がどんなに高等になるかということである。

人間はいくら学問修養して偉くなっても、これは一代きりである。残念ながら、そういうものなんです。跡継ぎというものは、その人が偉くなったから、その人から生まれるというものじゃなくて、これは場合によっては、というよりはより多く他人から求めなきゃならん。胎児が大事。胎児ということになると、英雄豪傑といえども、どうも作るわけにいかん。女の腹を借りなければならんのであります。「腹は借りもの」というが、あれを軽蔑する意味にとって、女性を無視するということの例によく引かれるけれども、そういうほうが非科学的である。そして、せっかく「腹は借りもの」という科学的真実を言う人が、またその真理を知らない。男は無知、女も無知で、両方で分からないから、その言葉がますます誤解されてしまった。事実はその通りで「腹は借りもの」なんです。胎を借りることによって、胎児が生まれ、そこから別の創造の世界が開けるんです。

だから胎というものは非常に大事で、胎の学問を、これをネオテニー、あるいは、胎児のことをエンブリオと言い、胎児学をエンブリオロジーと言う。今日、生物学、医学界の、これは最先端の学問です。下手な哲学だのなんだのというより、非常に進歩した医学や生物学のほうが、この頃はよほど面白い。

ともかく、胎児を考えるとなると、やっぱり胎教ということがあります。胎教なんていうものは封建時代の非科学的思想であると、久しい間日本人はそう考えてきたんだが、非科学的どころではない。科学の進歩が今日では胎児に到達して、胎教ということを取り上げるようになってきておる。だから、非常に大事なことで、「人間進化の機微は、デリケートな点は胎児に存する」とはそのことを言うのであります。したがって、胎児はまず最も慎重に保育されねばならん。そこで、その胎児を流すということがいかにもったいないことであるか、罪悪であるかということが分かる。

そうして生まれた児童というものは、これは人生の曙である。清く、明るく、健《すこ》やかなるを尚《たつと》ぶ。胎児をだんだん育ててみると、それは実証できるけれども、まず明かりというものに敏感になるんです。それから清潔ということ、清いということに非常に敏感です。昨晩、私たちの座談の席で、豚の話が出たんでありますが、世間は豚というと不潔なもののように思うておる。ところが豚は非常に清潔を好む。豚を飼うには豚を清潔に養ってやらなきゃならんということは専門家がみなよく知っておる。

人間の子供もそうです。清く、明るいということが、人間のあらゆる徳の最も根本的な徳です。そこに古代神道の非常なデリカシーがある。微妙な貴い点がある。清く、明《あか》きとか、さやけくとかという言葉がそれである。したがってその時は、非常に静かです。静まっておるから、清く、明るく、静かということは、神道の眼目であります。子供を育てるのはそうでなければなりません。清く、明るく、健やかなるを尚ぶ。子供を不潔にして育てたりなんかしてはいかん。そうすると、大きくなって必ず不潔をやる。汚職だとか、瀆職《とくしょく》だとかいうようなことをやるのは、みんなこの頃からの悪縁である。清く、明るく、静かに育てたらそんなことはできない。してはいかん、しては法に触れる、分かったら大変だ、などということで取り締まることでは、これはもうそもそも堕落であります。そうでない、不潔には耐えられん、汚いことはできんというのが本当の道徳。これは大いに子供の時の育ちに関係する。

それから「児童に内在する素質、能力は測り知れぬものがある」のであります。これも教育学的に解説すると、恐ろしいまでのものでありますが、これはもう皆さんがいくらでも自ら勉強できることとです。

「夙《はや》くより啓発と善導を要する」のであって、特に児童に大事なことは習慣であります。習慣は肉体となり、本能となる生きた主義理論である。生活は習慣の作品である。良い習慣を身につけること、すなわち躾は児童のために最も大切なことなんであります。

「言葉と文字は人間文化の血脈である。児童はなるべく早くから、民族の正しい言葉と文字を学ばねばならぬ。その学習能力を児童は大人よりも純粋鋭敏に本具しているものである」

「出来れば一、二の外国語を修得することも望ましく、それは又十分可能なことである」

子供は本能が純真で、まだいろいろの夾雑物《きょうざつぶつ》をもっておりませんから、非常に受け入れ態勢が自在である。よその国の言葉なんかすぐ覚える。

子供連れで外国へ赴任したような人はこれを切実に経験しておるはずであります。中学校や高等学校、大学で長い間外国語を教わっておりながら、ろくに読めもせん、書けもせん、向こうへ行って話をしても通用もせん。ところが連れていったいたいけな子供はたちまちのうちにどんどんよその国の言葉をものにする。これは誰もが経験しておることであります。うまく指導すれば、幼稚園から小学校時代までのうちに、二カ国語ぐらい平気でものにする。子供たちにとってそれは決して難しいことではないのであります。文字でもそうでしょう。漢字などと難しがるけれども、それは大人が難しがるんであって、子供たちにとっては教え方次第で実に易《やさ》しい、十分に覚える。しかも、大脳の特質でカナやローマ字より、漢字のほうを非常に早くマスターする。

また児童が歴史に帰るということは、生命の本源に立ち返ることであります。

「児童は祖国の歴史伝統に基づく勝れた文学・芸術や、世界と宇宙の限りない感興に誘う諸々の作品の裡《うち》に養われねばならぬ」
となければなりません。

「いかなる艱難辛苦も、輔導宜しきを得れば、児童にとって却《かえ》って大成の試金石となるものである」

甘やかすばかりが能じゃない。苗木の話でお分かりになったと思うが、こういうのが児童を育てる根本原理、貴重な原理・原則である。こういうふうにして、家庭というものを育てる、これまた大切な家計であります。

第四章

「老計」

◈「老計」にみる人情

そしてお互いにだんだん年をとっていく。老いていくということは、みんな老衰することだと思うが、そうじゃない。これは老熟することなんだ。したがって老という字は「なれる」とか「ねれる」と読む。世間の体験を積んで、非常に練達した人のことを老手《ろうしゅ》と言う。先生でも老先生、老練と言う。

そのためには老ゆる計りごとが大切であります。人間はいかに年をとるかということであります。ほっといたって年はとるわけですが、そういうのは無意味です。人間は伊達《だて》に年をとるのではない。老年はそれだけ値打ちのあるものでなければなりません。この老ゆる計りごと……すなわち「老計」は実に味のあることですが、どうしたことか、年をとると悔しがる思想が昔から多い。ところが、「老計」から言いますと、年をとることは楽しい、意義のあることです。

江戸前期の儒学者・伊藤仁斎《じんさい》先生（一六二七〜一七〇五）は「老去佳境に入《い》る」という詩を作っています。年をとって佳境に入ると言うのです。人生の妙味、学問の妙味、こういうものは年をとるほど分かる。何と言っても若い時は、それこそ未熟です。この未熟ということは、それだけ味がない。まずい。本当の味というものは、後で詳しく話しますが、それこそ甘いことくらいしか分かりません。渋み、苦みという味は、お茶でも三煎《せん》しなければ出てまいりません。人間にしても、やはり五十を過ぎないと出てまいりません。

昔、衛《えい》の国の偉い人に蘧伯玉《きょはくぎょく》という人がおった。『論語』の中の一節で孔子はこの人を礼賛しております。「老計学」の有名な言葉として、

「行年五十にして、四十九年の非を知る」

五十になってそれまでの四十九年が間違っておった、駄目だったということを、しみじみ悟った人であると『淮南子《えなんじ》』では言っております。これを「知非」と申します。皮肉に言いますと、人間は五十になる頃、いや最近は寿命が延びておりますので、十年くらい違っておるかもしれませんが、ともかく昔は、この年齢に達しますと、その人なりに自分というものが分かってくるのです。もっと通俗に言えば、五十という声がかかると、人間は野心というものに見切りをつける。

「俺もここまでやってきたが、いよいよ定年も近づいた。自分もだいたい来るところまで来た。もうなんぼ焦ってもいかん。これからは一つ伜《せがれ》を立派にしよう」

というふうに考える。これは一番通俗な「知命」であります。同時に「知非」で

あります。

諦《あきら》めには内容のないような諦めと、非常に高度な諦めがある。そしてこの高度な諦めを「悟り」と言うのです。それに対して内容のないのは、俗に言う「あきらめ」であります。内容のいかんにかかわらず、一つの諦めに達した場合、命《めい》を知る……運命には知命、立命といろいろありますが、その命を知るということになります。

ところが、先にも述べました『淮南子』を見ますと、「行年五十にして、四十九年の非を知り」の後に「六十にして六十化す」とあるのです。これは、六十になっても、六十になっただけ変化するという意味です。すなわち、人間は生きている限り、年をとればとるほど良く変わっていかなければならぬということです。悪固まりに固まってしまっては駄目である。動脈硬化だけではない、大脳硬化、精神硬化、何でも硬化してしまう。硬化したのでは本当の老ではないのであります。

「老」という文字は老いるという文字であると同時に、「なれる」「練《ね》れる」という意味があります。お酒でも、中国では紹興酒の良い酒を「老酒《ラオチユー》」と言います。日本人の場合は生一本《きいっぽん》とか言う。生一本というのはナマなんであります。われわれは酒を飲んで、よく「キューッとくる」とか言って、その刺激を愛する。したがって、味の反応に鋭敏である。ところが、「老酒」という酒は、生一本と違って、飲んでも日本酒のように「キューッ」とこない。トローッとしておりまして、飲むほどに陶然と酔ってくる。しばらく杯を置いておると、それがほのぼのと醒めてくるというような具合で、中国では「王道蕩々《おうどうとうとう》」などと言います。わが国は「稜々《りようりよう》」。だから私はよく中国文化を一語にして表せば「蕩々文化」であり、日本の場合は「稜々文化」と申しておるのです。

これだけ民族の特徴に相違があるので、年をとるということもまた、「蕩々」になることであります。嚙みしめて味わいが出る。物事にあまり刺激的にならないということ。これが老境の特徴であります。年をとるということは、あらゆる意味において、若い時には分からない、味わえなかったような佳境に入っていく……これが本当の「老計」というものであります。

同時に、人間の本具しておるいろいろの徳の中で、情操というものは、非常に大事なものでありますが、年をとる、老成すると、非常に情が発達する。佐藤一斎の『言志後録』などを読むと年とともに情味が深くなることを大変淡々たるいい文章で書いておる。たとえばその二三七、二三八などは目から鱗《うろこ》が落ちる思いがするのであります。

「聖賢は故旧《こきゅう》を遺《わす》れず。是《こ》れ美徳なり。即《すなわ》ち人情なり。余《よ》が家の小園、他に雑《ざっ》卉《き》なし。唯《た》だ石榴《ざくろ》、紫薇《さるすべり》、木犀《もくせい》の三樹あるのみ。然《しか》れどもこの樹を植うること四十年外にあり。朝昏《ちょうこん》相対して、主人とともに老ゆ。夏秋《かしゅう》の間、花、すこぶる観るべし。以《もっ》て心目《しんもく》を娯《たのし》ませるに足る。これ老友なり。余が性、草木において嗜好較澹《ややあわ》し。然るにこの三樹は眷愛《けんあい》特に厚し。凡《およ》そ交わりの旧《ふる》きは畢竟《ひっきょう》忘るることあたわず。これ人情なり。故旧遺れざるは、情これと一般なり」

聖賢とは孔子のことであります。『論語』泰伯篇《たいはくへん》に、

「故旧遺れざれば、則《すなわ》ち民偸《うす》からず」

とある。つまり昔なじみを忘れなければ民も見習って人情は薄くならない、と言うわけですが、一斎先生も、これは美徳であると言うている。すなわち人情というものだ。自分の家の小さな庭には、石榴と紫薇と木犀の三本の樹だけがある。自分はあまり庭木なんかをいじらんから他に草木らしきものはないが、しかし、四十年以前から親しんできておるこの三本の木は、朝夕自分と向かい合って、共に年をとってきた。夏や秋の頃になると美しい花を咲かせて、自分の目や心を非常に楽しま

せてくれた。まさに老友である。自分は草木についてやや淡泊であるが、しかしこの三本の樹だけは特に目をかけて愛してきた。だいたい古くからの交際というのは、とても忘れることはできない。これが人情というものだ。孔子が言った言葉はまったくこの心情と同じである、と一斎先生はしみじみと老の心境を語るのであります。

その次の二三八の語録もキチッと決まっておる。

「余が左右に聘用《へいよう》の几硯諸具《きけんしょぐ》、率《おおむ》ね皆五十年前得る所たり。物旧《ふる》ければ、則《すなわ》ち屛棄《へいき》するに忍びず。因《よ》って念《おも》う。『晏子《あんし》の一狐裘《こきゅう》三十年なるも、亦《また》恐らくは必ずしも倹嗇《けんしょく》に在《あ》らざらん』と」

自分の左右には机、硯《すずり》、筆、こういうものが五十年来、形影相随《あいしたが》っておる。年とともにますます味わいが細やかで棄て去りがたい。それにつけて思うに「晏子《あんし》は一枚の狐の皮衣を三十年着用したと言うが、決してけちな心に在ったのではない」としみじみ思うと言うのであります。

一斎という人は本当にいい人だなと思わせられる。こういうことは、老境に伴う老計に入れるべきことで、したがって交友関係なども、年とともに良くなるのが本態で、夫婦でもそうである。

「夫婦もいい年になると、もうこれは茶飲み友達ですね」

ということを人は言う。味もそっけもなくなったという意味ではない。私はそのことを「茶話」として『師と友』に縷々《るる》として書いたことがある。茶話、茶技ということをみんな非常にいい加減に考えているが、そういうものではないんです。だいたい茶というものは、非常にこれは味わい深いものだ。茶を栽培するというのは、非常に難しいものであります。その茶の芽をとって、新茶をつくる。これは芽から採るんだから、芽茶であるが、これを煎じてわれわれが飲む。最初は薬用だったのが、次第に趣味となり、生活必需の飲み物になった。

そして、この茶を煎ずる、煎服するには湯加減ということが非常に必要である。これをうまくやって、最初に第一煎で、茶の中に含まれている糖分、すなわち甘みをよく味わう。第二煎では茶の中にあるタンニンの渋みが出てくる。だいたい甘いというのは子供でも野蛮人でもみな好くもので、誰にでも分かる。ところが、渋みというものになると、その間に酸みというものがあるんですが、それが進むと、この渋みというものになる。渋みになると、これは野蛮人などでは分からない、好まない。子供もあんまり好かない。女も少なからず、これを嫌がるものが多い。これは、だいぶ進んだ味わいの境地で、渋みという、何とも言えん味が出てくるんだ。ところが、真理はどこでも同じで、最近化学でタンニンを分析したところが、タンニンの中からカテキンというものが出てきて、これは非常に甘い。だから渋いというのは甘いということなんだ。甘いというものの少し至れるものが、進歩したものが渋みなんだということを、化学的に説明ができるようになった。

第三煎で、初めてカフェインの苦みが出てくる。この苦みというやつが、味の最も高等なものなのであります。だから、最もいい言葉は苦言なんです。甘言なんていうのは駄目、甘い言葉は駄目であります。甘言に惑うなんていうのは、これは愚《ぐ》味《まい》の証拠で、渋い、苦い、苦言を好むようになれば、これは進歩した人間である。

要するに、甘い、渋い、苦いというのは、これは化学では偏味《へんみ》と言うが、特に老荘ではそういうことをよく説いています。至れる味わいは、そんな甘いとか、渋いとか、苦いとかいうようなもんじゃない。何とも言えない味なんです。これを至《し》味《み》、至れる味わい、無の味という。無の味では、人がよく分からんから、これを淡という。淡というのは、もう甘いとか、渋いとか、苦いとか、そういうことを超越して何とも言えない至れる味のことである。それで初めて君子の交わりは淡として水の如しということが分かる。そういう味のものはどこにあるかといったら、結局、水なんです。

だから正直なもので、人間は死ぬときに「水をくれ」と言う。死にがけに「菓子くれ」とか「葡萄酒くれ」とは言わない。ごく稀《まれ》に「酒をくれ」と言う人はおるが滅多にない。天満天神の神主をした親友の寺井種長君というのは、亡くなる時に酒を飲んで死んだと言うが、これは極めて稀なるものである。たいていはみんな水であります。

何とも言えない味という。これを知らんものだから、ある漢文の先生が中学校の生徒から、「君子の交わりは淡として水の如し」というのが本に出てくるが、そんなものつまらんじゃありませんか、と言われて返事ができなかったそうだ。淡とか水ということの、味ということの哲学をもたんから答えられなかったのであります。

そこで初めて水交社、あるいは淡交社なんていう、淡交、水交とか、あるいは広瀬淡窓なんていう、ああいう雅号の意味が分かる。

だから、本当に茶が飲めるというのは、よほど人生の体験を積んで、酸いも甘いも噛み分けた人間でなければできない。茶話ができるようになれば、人間は大したものであります。酒話ぐらいならいくらでもできるが、茶話はなかなかできん。だから茶飲み友達というのは、これは至れるもんなんだ。苦楽を共にしてきて、夫婦がいい年齢になって、しみじみと人生の理法を、道理を話し合えるというのが茶飲み友達。これはやっぱり老境に至らんと駄目であります。

◆益軒の『養生訓』に学ぶ

「老計」というとすぐ頭に浮かんでくるのが貝原益軒（一六三〇～一七一四）の『養生訓』のことである。益軒は江戸前期の儒学者ですが、今でも世間では朱子学《しゅし》で凝り固まったコチコチの人物のように思っている人がはなはだ多い。人の人を知らぬことの甚だしいのは、昔も今も変わっていない。私が調べたところでは、それはまったく誤解であり、益軒は実に素直な、拘泥《こうでい》のない人で、蝦《えび》のようにいくら年をとっても、殻を脱いでいった人であります。三十歳の頃には遊廓通いが昂《こう》じて淋《りん》病を患って苦しんだということを自ら記しておる。京都・島原で遊びもし、小紫という妓と馴染《なじ》んでしまい、益軒が郷里の博多に帰る時には、別れを惜しむ小紫が、自分の肖像を画家に描かせ、歌を添えて贈ったという艶《つや》っぽい逸話まで残っております。

しかし、医学を志した益軒は思想学問にも絶えず真剣にうちこんで、本草学《ほんぞうがく》（薬学）から地理学・歴史学も修め、最後には陸象山《りくしょうざん》の学風にも契っているなど広い学識を身につけて、しかもどの学問でも大家の域に達した人でありました。常に倦《う》むことなく、とどまることなく、年とともに学問・思索・心境すべてに長じて、真に老の至るを知らぬ趣があって、それだけに、よく老いることの意義や価値、その楽しみを知っていたのであります。益軒は長くその号を損軒としていた。それを益軒と改めたのは、彼が七十三歳になった時であったと言います。「損」は易経《えききょう》・山沢損の卦《か》によるもので「忿《ふん》を懲らし、欲を塞《ふさ》ぐ」、即ち克己統制の道を明らかにしたものであって、究極のところ「損せずして之を益す」となり、そこに至って自由に到達するという意味があります。おそらく彼は七十の坂を越えて、心の欲するところに従って、矩《のり》を踰《こ》えぬ自由の域に自信をもつに至ったのであろうと思うのです。そこで「損軒」を離れて「益軒」を用いるようになったと解釈できるのであります。

益軒はその幅広い探求心から、生涯に九十九部、二百五十一巻の著述を残しているが、有名な『養生訓』はその最後のまとめ、彼が八十四歳、他界する一年前の著述で、単に医学専門書ではなく、人間の生き方、さらには健全に老いることの大切さ、楽しさを易しい言葉で説いておる。「老計」の基本として私が感心した教訓をいくつか列挙してみますが、ほとんど注釈いらずに、みなさんの心にも響くのではないでしょうか。

「人生五十にいたらざれば、血気いまだ定まらず。知恵いまだ開けず。古今にうとくして、世変になれず。言あやまり多く、行《おこない》悔《くい》多し。人生の理《ことわり》も楽《たのしみ》もいまだ知らず。五十にいたらずして死するを夭《わかじに》といふ。是亦《これまた》、不幸短命と云ふべし。長生すれば、楽《たのしみ》多く益多し。日々にいまだ知らざることを知り。日々にいまだ能《よく》せざることを能す。この故に学問の長進することも、知識の明達なることも、長生せざれば得がたし。之を以て養生の術を行い、いかにもして天年《てんねん》をたもち、五十歳をこえ、成《な》るべきほどは弥《いよいよ》長生して、六十以上の寿域《じゆいき》に登るべし」

まったく、心身ともに常を失わぬ人間ならば、六十以上になれば、どうやらものが分かってくる。それなのに、若い時はとかく養生などは意に介さず、あるいは馬《ば》鹿《か》にして、天から授けられた命を自ら縮めているのであります。益軒によれば、

「人の身は父母を本《もと》とし、天地を初《はじめ》とす。天地父母のめぐみをうけて生れ、又

養はれたるわが身なれば、わが私の物にあらず。天地のみたまもの、父母の残せる身なれば、つつしんでよく養ひて、そこなひやぶらず、天年を長くたもつべし」

となる。そして、人の身は百年をもって最期《さいご》となし、上寿は百歳、中寿は八十、下寿は六十であるのに、世の中を見ると下寿をたもつ人は意外に少ない、五十以下の短命の人が多いと言っているが、どうして人間の命がそんなに短いはずがあろうか。それらはみな、養生の術の心得がないからであると言う。術を心得、実行すれば誰でも長生するはずだ。

「短命なるは生まれ付きて短きにはあらず。十人に九人は皆みづからそこなへるなり。ここを以て、人皆養生の術なくんばあるべからず」

と断言するのであります。

ならばその「養生の術」とは何か。益軒はこう述べています。

「養生の術は先《まず》心気を養ふべし。心を和《やわらか》にし、気を平《たい》らかにし、いかりと慾《よく》とをおさへ、うれひ、思ひをすくなくし、心を苦しめず、気をそこなはず、是《こ》れ心気を養ふ要道なり。又、臥《ふ》す事をこのむべからず。久しく睡《ねむ》り臥せば、気滞《とどこお》りてめぐらず。飲食いまだ消化せざるに、早く臥しねぶれば、食気ふさがりて甚《はなは》だ元気をそこなふ。いましむべし。酒は微酔《びすい》にのみ、半酣《はんかん》をかぎりとすべし。食は半飽《はんぽう》に食ひて、十分にみつべからず。酒食ともに限《かぎり》を定めて、節にこゆべからず。又わかき時より色慾をつつしみ、精気を惜しむべし。精気を多くつひやせば、下部の気よはくなり、元気の根本たえて必ず命短し。もし飲食色慾の慎みなくば、日々補薬を服し、朝夕食補をなすとも、益なかるべし。又、風・寒・暑・湿の外邪をおそれふせぎ、起居動静《どうじょう》を節にし、つつしみ、食後には歩行して身を動かし、時々導引《どういん》して腰腹をなですり、手足をうごかし、労動して血気をめぐらし、飲食を消化せしむべし。（中略）病発《おこ》りて後、薬を用ひ、鍼灸《しんきゅう》を以て病をせむるは養生の末なり。本《もと》をつとむべし」

今も昔も変わっていない。若者たちはこぞってこの逆、ひたすら不養生に努めておる。先の内臓器官の充電時間帯なんかとうに忘れて暴飲暴食、これをしなければ明日のエネルギーが湧いてこないとばかりに、夜の更けるまで盛り場を練り歩いている。最近はフリーセックスとかが流行し、若い男女の性風紀は乱れる一方だけれど、どうも最近はフニャフニャしている青年が多くなったと思っていたが、益軒はすでに江戸初期の頃からしきりに警鐘を鳴らしていたというわけであります。いつの時代でも同じこと。これで命を縮めて、それが俺の運命だった、彼の運命だったと愚痴をこぼしていても始まらない。早い話が不養生ということは自殺行為にほかなりません。

「或人の曰《いわ》く、養生の術、隠居せし老人、又年若くしても世をのがれて、安閑《あんかん》無事なる人は宜《よろ》しかるべし。士《さむらい》として君父につかへて忠孝をつとめ、武芸をならひて、身をはたらかし、農工商の夜昼《よるひる》家業を勤めていとまなく、身閑《ひま》ならざる者は養生なりがたかるべし。かかる人、もし養生の術をもはら行はば、其身やはらかに、其わざゆるやかにして、事の用にたつべからずといふ。是れ養生の術を知らざる人のうたがひ、むべなるかな。養生の術は、安閑無事なるを専らとせず。心を静にし、身をうごかすをよしとす。身を安閑にするは、かへつて元気とどこほり、ふさがりて病を生ず。たとへば、流水はくさらず。戸枢《こすう》は朽ちざるが如し。是《これ》うごく者は長久なり。うごかざる物はかへつて命みじかし。是《ここ》を以て四民ともに事よくつとむべし。安逸なるべからず。是《これ》すなはち養生の術なり」

流水・戸枢《こすう》の譬《たとえ》はよく効いている。枢は扉の開閉を転換する軸のことであります。常に動いているものは朽ちない。養生とは「生の能率を上げること」とでも言えば、現代の人たちには分かりやすいかもしれぬ。益軒は生涯にわたって理と気の問題を思索探究しておる。そして「元気」すなわち創造的・全的エネルギーとも言うべきものを尊重しておるのであります。

「人の元気は、もと是《こ》れ天地の万物を生ずる気なり、是れ人身の根本なり。人、此の気にあらざれば生ぜず。生じて後は飲食衣服居処の外物の助けによりて、元気養はれて命をたもつ。飲食衣服居処の類《たぐ》ひも亦《また》天地の生ずる所なり。生るるも養はるるも皆天地父母の恩なり」

「心は身の主なり。しづかにして安からしむべし。身は心のやつこなり。動かして労せしむべし。心やすく静かなれば、天君ゆたかに、くるしみなくして楽しむ。身動きて労すれば、飲食滞《とどこお》らず。血気めぐりて病なし」

そしてまた、こうも言うておる。

「養生の害二あり。元気をへらす一也。元気を滞《とどこお》らしむる二也。飲食、色慾《しきよく》、労動を過せば、元気やぶれて耗《へ》る。飲食、安逸、睡眠を過せば、滞りてふさがる。耗ると滞ると皆元気をそこなふ」

「凡《およ》そ人の楽しむべき事三あり。一には身に道を行ひ、ひが事なくして善を楽しむにあり。二には身に病なくして、快く楽しむにあり。三は命ながくして、久しくたのしむにあり。富貴にしてもこの三の楽なければ、真《まこと》の楽なし。故に富貴は此三楽の内にあらず。もし心に善を楽しまず、又養生の道をしらずして、身に病多く、其《そ》のはては短命なる人は、此《この》三楽を得ず。人となりて此三楽を得る計《はかりごと》なくんばあるべからず。此三楽なくんば、いかなる大富貴をきはむとも、益なかるべし」

しかるに人間というものは無知というか、欲に懲りない生き物である。外面はどんなにエリートぶっても、その内面にうごめく邪《よこしま》な考えから離れられない。最近の政界や官僚の汚職などを見ると、いったい日本人はいつからこんな節操のない民族になってしまったのかと暗澹《あんたん》たる思いを抱かざるを得ないのであります。

「俗人は、慾をほしいままにして、礼儀にそむき、気を養はずして、天年をたもたず。理気二つながら失へり。仙術の士は養気に偏にして、道理を好まず。故に礼義をすてて、つとめず。陋儒《ろうじゅ》は理に偏して気を養はず。修養の道を知らずして、天年をたもたず。此の三つは、ともに君子の行ふ道にあらず」

「心を常に従容《しょうよう》と静かにせはしからず、和平なるべし。言語は殊《こと》に静かにしてすくなくし、無用の事いふべからず。是《こ》れ尤《もつと》も気を養ふ良法也」

仙術は仙人の術、陋儒とは、今日で言えば世俗的な思想家・学者・評論家・教育家などの類であります。これらは総じて饒舌で、いらだたしく、がさつであります。理屈ばかり言って礼儀も知らなければ、その多くは欲をほしいままに生きている。まさに益軒先生のご指摘の通りで、私なんかもしばしば客と対談することからして、意外にエネルギーを消耗します。舌を使うと、心臓を悪くし、眉毛《まゆげ》が抜けると漢方医は言う。そのために禅家は「眉毛を吝《おし》まず汝《なんじ》のために説く」という話は前にも触れた。やはり人間は臍下《せいか》三寸の丹田《たんでん》に気を集めて沈着しなければなりません。益軒は臍下・腎肝・臓気こそ人間の生命であると言っているが、ようやくこの頃、臍《へそ》について生理学者も科学的研究を始めて、その意義効用に瞠目《どうもく》しているらしい。漢方では神闕《しんけつ》と言ってなかなか意味深遠であります。

あまり長くなるので、あとは益軒先生の『養生訓』をじっくり読んで、「老計」の参考にしてもらうこととして、最後に一つだけ引用して締めておきます。

「摂生の七養あり。是《これ》を守るべし。一には言をすくなくして内気を養ふ。二には色慾を戒めて精気を養ふ。三には滋味を薄くして血気を養ふ。四には津液《しんえき》をのんで臓気を養ふ。五には怒をおさへて肝気を養ふ。六には飲食を節して胃気を養ふ。七には思慮をすくなくして心気を養ふ。是れ寿親養老補遺《じゅしんようろう》に出たり」

津液とは唾、つばきのことです。『寿親養老補遺』は、中国・明《みん》時代初期の医者・劉純《りゅうじゅん》の著書であります。これを日常生活に取り入れれば、天地父母から与えられた身を感謝しながら長くたもち、健全な「老計」が計れることは必至であります。

◈文明に挑む頭脳

人間は老いるにしたがって、足腰が弱くなることは誰も否定できません。その次は頭に老いがくる。頭にくるという言葉はまさにピッタリであります。頭が駄目になる。この頭というのは、しかし非常に有り難いものでありまして、一般の人はこれを誤解してきました。何か一所懸命に勉強したりなんかすると、頭が悪くなると思った。これは嘘であります。最近、大脳医学が発達してもう解明されております が、頭というものは、神が、自然が、そんな不都合にこしらえてはいない。人は万物の霊長と言われているだけに、自然が何億年かかりましたか、やっと人間という霊長類を作り出し、その一番上に頭を置いてあるだけあって、頭というものは非常に結構にできておる。

頭は使うほど良いのです。頭は使わなくなると駄目になる。使うほどいい。頭を使うと悪くなるのではない。ほかの器官の悪いのが、例えば姿勢が悪いとか、あるいは他の内臓が悪いからというような、そういうものの影響を受けて頭が悪くなるので、本当は頭は使うほど良い。それからもっと有り難いことは、頭というものは難しい問題と取り組むほどよろしい。つまり鍛練陶冶《とうや》するほど良い。易しいものにばっかり使っておったのでは頭はものにならん。そういったことが大脳医学で解明されておるのであります。

ところが、科学技術の発達によって、機械文明が生活に非常な便利を提供いたしまして、まず、乗り物が発達するから足を使わんでもよくなった。足腰が駄目になって、その次には頭が駄目になる。印刷・出版・ラジオ・テレビなどが発達して、もうご親切、ご丁寧に何でも教えてくれる。発明してくれる。自分で頭を使って研究する必要はない。つまり見たり聞いたりですむという視聴覚文明になってしまった。そこでだんだん子供も大人もものを考えなくなりました。今から十年も前の昭和三十四年の頃の調査でも、文明国民はせっかくの頭を、平均するとその能力の一三パーセントしか使っておらぬということでしたが、最近テレビなどの発達によって、もっとひどくなり、それが七パーセントくらいしか使っておらぬということです。

日本ならまず一億総白痴化ということが確実に進行しておる。これは機械文明の恐るべき、そうして多くの専門家が予期しなかった、それこそ偶然的結果、文明そのものが予期せざるところへ赴いてしまった。公害なんかもその重大な一例であります。そういうことで人間は、今や次第に文明の普及発達と同時に、非常に複雑な変化、その変化はどちらかというと、良いほうの変化よりむしろ頽廃《たいはい》的な変化を起こしているような気がしてなりません。つまり中毒症状であります。

アメリカの有名な評論家であるルイス・マンフォードはもう二十年も前から、今日の文明に辛辣《しんらつ》な警告をしてきた人で、『技術と文明』『都市の文化』『人間の条件』『人間の行動』といった著書があります。さらに『人間の変革』、A・フロム、E・ユンガー、M・ピカートなども大変面白く読まれております。いずれの著書にも共通していることは、このまま行ったら人間はどうしても変質してしまい、滅亡する危険があるということなのですが、『人間の変革』の中に、

「人間はやがて精神年齢十歳の男と、五歳の女とが結婚して子を作るようになる。この連中は精神的に低能であるから、極めて本能的なものに支配される。人間の本能の根底にひそんでいるものに心理学者のいわゆるid（イド。無我意識。本能的な衝動の源泉たる無意識の層で、自我＝エゴの基礎をなす衝動）という衝動性があり、これが支配的になって、徒《いたずら》に憎悪や大量殺人を演ずるようになる。そういう可能性・危険性がサイバネティックス、cybernetics（人工頭脳学）の発達によって恐るべき

ものになるだろう」

と、こういうふうに痛論を展開しているのであります。読んでおって気色が悪くなるけれども、決して空論ではない。

確かにこの近代文明、今日の文明というものは驚くべき科学技術の発達による人間機械化、あるいは機械人間化というのが当たっているかもしれないが、とにかく機械というものはもはや単なる機械にあらずして、人間に代わり、頭脳に代わるものであります。人の人たるゆえんは良心とか霊性とかいうような神秘的なものを別とすれば、まず常識的には頭脳であります。ご承知のように人間には本質的要素と付属的要素とがあります。これを失えば人間が人間でなくなる本質的な要素、これを徳性と言います。それに比べて、人間の存在・活動に便利な機能、役に立つもの、これは人間の知性であり技能というものです。これあるによって人間は偉大なる文明を造ってきた。知識・技能によって機械が造られ、それが発展し、今やコンピュータの時代を迎えているわけであります。人間の頭脳に代わるものができておる。中には、

「人間は今やコンピュータを造って、前頭葉を失いつつある」

と皮肉る人もおりますが、事実そういう現象が生じてきていることは確かなこと

だと思うのであります。
大衆がものを考えなくなった。すでに炯眼《けいがん》な学者や識者は十年も前から警告しているのですが、シンギュラー・ポイントにならないものだから、一般に意識されなかった。それが最近、急速に自覚されるようになったものですから、急にやかましくなりました。

それはともかく、乗り物の発達普及によって、人間は本当に足がいらなくなった。足という字については、これまでも折に触れて講義してきましたが、足をなぜ「たる」と読むのか。「手る」と書かないで、なぜ「足る」と書くのか。この話を始めますとまた切りがありません。要するに足という字はそれほど人間の健康を決定するに足るものなのです。その足が老いとともに駄目になると同時に腰が駄目になる。腰も人間にとっては欠かせない重要な機能で、体の「かなめ」、実は要という字は腰のことです。そこで肝腎《かんじん》要となる。肝心要でもおかしくはないが、医学的に分析すれば肝腎要というのが当たっている。そして足腰が駄目になって、本来的には使えば使うほど良くなる頭まで、文明化によっていよいよ使わなくなりつつある。医学が発達しているから、それでも人間として長生きできるようになって、社会の高齢化はますます進行するでしょうが、足腰立たぬ頭を使わない老人ばかりになってしまったら、まさに国家の悲劇と言わざるを得ません。その意味でも私たちは、せめて頭だけでもどんどん使って、生活をよほど質実剛健にして、精神的にも有情・清潔にし、忌むべき頽廃汚染のないように改めなければなりません。そうしないと、さすがの日本民族も意外に早く没落するということは、今や学問的にもはっきり言えることなんであります。「老計」をしっかりと計り、いかにして日本民族を救うか、汚染を清めるか、これからの、いかに老いるかという問題はむしろそうした社会問題を含めてのものであるのかもしれません。昔の詩人の言葉通り「神州清潔の民」にするということが、私たちの一番大きな問題なのであります。

第五章

「死計」

◆「死生」は「昼夜の理《ことわり》」

いよいよ最後になりましたが、第五計の「死計」であります。これは死ぬ計りごと、すなわち、いかに死すべきかという計りごとであります。刀折れ矢尽きて死んでしまうというのが、最も情けない死に方であります。もっと立派な死に方を考えなければなりません。いかに死すべきかは、いかに生くべきかと同じことであります。死ぬということは、人間の性霊が「限定された生」から「無限定の生」に遷化《せんげ》することであるからです。

佐藤一斎の「言志四録」の『言志録』一三七にもこういう箴言《しんげん》があります。

「生物は皆死を畏《おそ》る。人は其《そ》の霊なり。当《まさ》に死を畏るるの中《うち》より、死を畏れざるの理《ことわり》を揀《えら》び出《いだ》すべし。吾《わ》れ思う、我が身は天物《てんぶつ》なり。死生の権は天に在り。当《まさ》に順《したが》いて之《これ》を受くべし。我れの生まるるや、自然にして生まる。生まるる時未《いま》だ嘗《かつ》て喜ぶを知らざるなり。則《すなわ》ち我れの死するや、応《まさ》に亦《また》自然にして死し、死する時未だ嘗て悲しむを知らざるべきなり。天之を生じて、天之を死せしむ。一に天に聴《まか》すのみ。吾れ何ぞ畏れむ。吾が性は即ち天なり。軀殻《くかく》は則ち天を蔵するの室《しつ》なり。精気の物と為《な》るや、天此の室に寓《ぐう》せしめ、遊魂《ゆうこん》の変を為《な》すや、天此《こ》の室より離れしむ。死の後《のち》は即ち生の前、生の前は即ち死の後にして、而《しか》して吾が性の性たる所以《ゆえん》の者は、恒《つね》に死生の外《ほか》に在り。吾れ何ぞ焉《これ》を畏れむ。夫《そ》れ昼夜は一理、幽明も一理、始めを原《たず》ねて終に反《かえ》り、死生の説を知る。何ぞ其の易《い》簡《かん》にして明白なるや。吾人当《ごじんまさ》に此の理を以て自省すべし」

生物はみんな死を畏れる。人間は万物の霊長である。死を畏れる中から、死を畏れない理由を選び出して安住すべきであると言うのであります。そこで一斎先生は考えた。自分の体は天からの授かりもので、死ぬとか生まれるといった権利はもともと天にあるのだから、逆らわずに畏れもせずに、従順に天命を受けるのは当然なことである。われわれが生まれるのは、ごく自然であって、生まれた時は喜びなんか知らない。われわれが死ぬのもまた自然であって、死ぬときは悲しみを知らない。天がわれわれ人間を生み、そして死なすのであるから、死生は天にすっかり任せるべきで、別に何も畏れることはない。わが性命は天から与えられた物、すなわち天物で、肉体はその性命をしまっておく、いわば室である。精気が一つの固まった物となると、天から与えられた性命は、この肉体という室に寄寓《きぐう》するけれども、魂が肉体から遊離すると、天物はこの室から離れていくんであります。死ぬと生まれ、生まれると死ぬものであって、性命の性命たるゆえんのものは、いつも死生を超越しているから、一斎先生は死に対する恐怖はまったくないと言うておる。昼夜が一つの道理であるように死ぬのも生きるのもまた一つの道理である。物の始めをたずねれば必ず終わりがある。死生の理は明々白々であろう。われわれはこの道理をもって自ら反省すべきである、と言うのであります。

まったく一斎先生の指摘の通り、死生観といっても何も難しい理屈ではない。本当の理解となるとなかなか大変だろうが、仏教には有名な三身《さんしん》の論があります。

一　法身（性命・性霊の本体）

二　報身（法身が感覚的存在に発したもの）

三　応身（法身・報身が要請に応じて形に現れたもの）

つまり私たちが死するということは、この法身に返って永遠に千変万化して行くことであります。幾多の先哲が歳月を超えて、現代の私たちの中に生きているのもこれである。先哲たちは生死の相対観念を超越しているから、死に対しても何の不安もなく泰然としております。賢人は死を天から定まった命として、生者必滅《しょうじゃひつめつ》の道理を悟って死ぬことにあまんずる。死を畏れることを恥として、安心《あんじん》して死することを望み、一般の人たちは常に死に対して畏怖《いふ》の念を抱いているのであります。そしてまた、血気に勇み立って死を軽視したり、惑う者が死に満足するのは、天を知らぬ者で、死を畏れる一般の人よりも劣っているのであります。その意味では幽霊話なんていうのは実に面白い。もちろん恨めしやではない。一貫した道を貫いて、後世にさまざまな遺訓を残したり、古典を残したような哲人、聖人の話です。人間の性命・性霊の理法を劇的に表現し、人間の芸術的道徳を与えたものだから、非常に面白い。逆に言えば、私たちも幽霊になれぬような人格では無力というほかない。

ともかく、「死計」とは即「生計」なんです。ただ、初めの「生計」はもっぱら生理的な生計であって、一方、「老計」を通ってきた「死計」というものは、もっと精神的な、もっと霊的な生き方であります。つまり不朽不滅《ふきゅうふめつ》に生きる、永遠に生きる計りごとであり、いわゆる生とか死とかいうものを超越した死に方、生き方、これが本当の「死計」であります。深遠な問題であります。

要するに人生には「生計」「身計」「家計」「老計」「死計」とあり、この五計が順ぐりに回って、元に戻る。このようにして無限に人生、人間というものが発展していく。これ、すなわち人生の五計であります。

◆水天一碧《いっぺき》の最期《さいご》

死に臨んでの、私にとって印象的な偈《げ》はいくつもありますが、最後に二つばかり挙げておきましょう。

一つは土佐の絶海《ぜっかい》和尚の遺偈《ゆいげ》であります。

虚空落地　　虚空　地に落ち
火星乱飛　　火星　乱れ飛ぶ
倒打筋斗　　筋斗を倒打して
抹過鉄囲　　鉄囲《てっち》を抹過す

虚空地に落つとは、天と地と一つであるということ。火星は五行の火星ではなく、文字通り赤熱の星と解するべきでしょう。筋斗は「とんぼがえり、もんどり」、倒打の倒は「さかさま」とか「倒れる」という意味ではなく、ものごとの激しい動作を形容する意味で、倒打筋斗は、激しくもんどり打ってということであります。抹過は「すれすれ」に過ぎるということ。鉄囲とは、仏教説話に有名な須弥山《しゅみせん》物語にでてくる山の名です。須弥山は蓮《はす》の種に似た宝山で、仏法とか世間を守る諸天善神が住んでいるところであるが、その周囲には七つの金山と、それを囲む七重の香水の海があり、その一番の外輪の海は塩水で、その海中に人間の住む州々がある。そしてその海の外を囲んでいるのが鉄囲山《てっちせん》ということです。絶海和尚は「この山をすれすれに激しくもんどり打って落ちる。多分、その底を突き抜いて大虚空に消えてしまうであろう」と言い遺して逝ったのであります。

絶海和尚は義堂《ぎどう》と並んで五山文学の双璧《そうへき》と言われた禅僧であります。義堂の謹厳な学者肌に比べて、絶海は脱俗した秀抜な詩人肌で、若くして夢窓《むそう》国師に学びました。後に中国、当時の明《みん》に渡り、杭州《こうしゅう》の全室和尚に就き、帰朝すると天竜《てんりゅう》寺・慧林寺に住んで、晩年には相国《しょうこく》寺の長老となり終わられました。足利義満や細川頼之らから敬われましたが、彼はそういう勢利の外に超越して、特にその詩名は古今内外に高く、遺著には『絶海録』『蕉堅稿《しょうけんこう》』などがありますが、実に豪快な遺偈であります。

もう一つはこれまた有名な天童正覚の臨終の偈であります。

夢幻空華　　夢幻・空華
六十七年　　六十七年
白鳥湮没　　白鳥湮没《いんぼつ》して
秋水連天　　秋水、天に連なる

何という美しく、清く、大きく、神秘な作でありましょう。若山牧水の歌に、

白鳥はかなしからずや空の青
　海の青にも染まず漂ふ

というのがありますが、これに比べたら問題にならない。私はこう訳してみました。

夢か幻か、ありとみる間に、いつしか散りて空《むな》しき花か
わが六十七年の生涯よ
いま我れ世を去るその様は

くっきりと、空の青、水の青にも染まず浮かんでいた白鳥が一瞬その影を没して

水や空、空や水、ただ水天一碧《いっぺき》の如きである

「空華」は、釈迦の十大弟子の中でも、空の理を解する第一人者と言われた須菩薩、すなわち空生《くうしょう》の説法を賛美して、帝釈天が降らした花とも訳せるが、ここではそんな深い意味を取ってくる必要はないと思います。夢幻に対する「いつしか散りて空しき空か」でよろしいと思うのであります。

天童正覚は有名な宏智禅師であり、南宋《なんそう》曹洞禅の大宗《たいそう》であります。師は浙江《せっこう》の天童山に住むこと三十年、従学するもの千を超え、道化四方に振るいました。そして彼は臨終の前に下山して、諸方の檀家に別れを告げたものの、山に帰ってからも衣食はいつもと変わりません。十月八日（一一五七年）、彼はいよいよ沐浴《もくよく》して衣を整え、端坐して筆を執ると、弟子の大慧に後事を託し、この偈を書いて筆をおき、そのまま遷化《せんげ》したのであります。まさに生死を超えた純一玄妙の一心をもって自我とし、随処に解脱《げだつ》し、歩々《ほほ》光明の中を行くことを守り通したのであります。光明と言えば王陽明も、臨終に遺言を問う弟子に向かって、

「此心光明、亦復《また》何をか言わんや」

と語って永眠しました。

まさに死することは生きることであります。

ともあれ、「死計」とは即「生計」に還ること、大いなる循環というか、まことに人間の道とは「大円《だいえん》・大通《だいつう》」であります。まことに人生というものは貴い。今回は「五計」の片鱗《へんりん》を覗《のぞ》いたにすぎませんが、こういう学問を修め、行動するように国民、大衆がなっていきますと、おそらくは世界の模範的な国になるでしょう。時局もはるかに救われます。それを大衆どころか、世の指導的立場にある者たちが、肝腎な人間をお留守にして、この世をどうしろと言ってみても、漫談に終わるだけで何にもならない。この頃つくづく私は、そう考えるのであります。まあ、やむを得ず、従来の行きがかりやら責任やらで、いろいろなエキスパートを介しまして、協議会やら研究会を作ったり、またそれに引っ張り出されたりしております。できるだけ微力を尽くしてはおりますものの、常に心中深く思いますことは、こんなことは枝葉末節ではないかということです。藪《やぶ》医者の仕事のようなものです。本当は病根にメスを入れなければならない。

その病根は何かと申しますと、世界の学者が結論として出しておりますように、やはり、あらゆる国に立派な人物を出すことしかありません。そして、それらの立派な人物を指導的地位に正しく配置し、世界の問題、各国の問題が協議されるべきであります。そういうふうにならなければ、永遠に根本的解決ということはあり得ません。人生に対する「五計」も曖昧《あいまい》なまま、哲学も芸術性もなければ、せっかく築き上げてきた文明社会も、通則にしたがって没落します。繁栄の中に没落する。それには相対性道理によっても明らかなように、いつの日か没落していくのでありま す。ともかく、「急がば回れ」でありまして、みなさんは人間の性命の根本はこの「人生の五計」であることを肝に銘じて生きていってほしいと念じないではいられません。

この作品は、一九九七年九月にＭＯＫＵ出版より刊行されたものです。

なお、編集に際しては、旧字・俗字や文意の汲みにくい箇所を若干修正するに留め、国名、政党名など、現在では変化しているものもありますが、講話当時の時代背景に鑑み、ほとんどそのまま表記しています。

著者紹介
安岡正篤（やすおか　まさひろ）
明治31年、大阪府に生まれる。東京大学法学部卒業。「東洋思想研究所」「金雞学院」「国維会」「日本農士学校」「篤農協会」等を設立。また、戦後は「全国師友協会」「新日本協議会」等をつくり、政財界の精神的支柱として多くの敬仰者を持った。全国師友協会会長、松下政経塾相談役を歴任。昭和58年12月逝去。
著書に、『朝の論語』（明徳出版社）、『運命を開く』（プレジデント社）、『人物を修める』（竹井出版）、『活眼活学』『活学としての東洋思想』『人生と陽明学』『論語に学ぶ』『日本の伝統精神』『人間としての成長』『人生をひらく活学』『十八史略（上・下）』『孟子』（以上、ＰＨＰ文庫）など多数ある。

現代活学講話選集 4
ＰＨＰ文庫　人生の五計
困難な時代を生き抜く「しるべ」

2005年5月23日　第1版第1刷
2020年2月18日　第1版第9刷

著　者　安　岡　正　篤
発行者　後　藤　淳　一
発行所　株式会社ＰＨＰ研究所
東京本部　〒135-8137 江東区豊洲5-6-52
PHP文庫出版部　☎03-3520-9617（編集）
普及部　☎03-3520-9630（販売）
京都本部　〒601-8411 京都市南区西九条北ノ内町11
PHP INTERFACE　https://www.php.co.jp/
制作協力
組　版　株式会社ＰＨＰエディターズ・グループ
印刷所
製本所　図書印刷株式会社

ISBN4-569-66386-9

PHP文庫好評既刊

人間としての成長
東洋の古典から何をいかに学ぶか
安岡正篤

学問は人間を変える――『論語』『礼記』など、東洋の古典をもとに、学ぶことの大切さ、考えることの愉しみについて語り明かした好著。

人生と陽明学
安岡正篤

中江藤樹、大塩平八郎、佐藤一斎らの著作・言行を中心に、陽明学の叡智を現代に活かす方途を探究。すべての日本人必読の講話録。

日本の伝統精神
この国はいかに進むべきか
安岡正篤

危機に瀕した日本と日本人を再生するには、東洋の叡智と伝統に学ばねばならない。透徹した人間観・文明観に根ざした珠玉の講話集。